# 中国古城镇

徐　潜／主　编

张　克　崔博华／副主编

罗沛波　李金宏／编著

吉林出版集团·吉林文史出版社

**图书在版编目（CIP）数据**

中国古城镇 / 徐潜主编 . —长春：吉林文史出版
社，2013.4（2025.9重印）
　　ISBN 978-7-5472-1489-3

　　Ⅰ.①中… Ⅱ.①徐… Ⅲ.①古城-介绍-中
国-古代-通俗读物 Ⅳ.①K928.5-49

　　中国版本图书馆 CIP 数据核字（2013）第 065149 号

# 中国古城镇
ZHONGGUO GU CHENGZHEN

主　　编　徐　潜
副 主 编　张　克　崔博华
责任编辑　张雅婷
装帧设计　映象视觉
出版发行　吉林文史出版社有限责任公司
地　　址　长春市福祉大路 5788 号
印　　刷　唐山富达印务有限公司
版　　次　2013 年 4 月第 1 版
印　　次　2025 年 9 月第 5 次印刷
开　　本　720mm×1000mm　1/16
印　　张　10
字　　数　250 千
书　　号　ISBN 978-7-5472-1489-3
定　　价　68.00 元

# 序　言

　　民族的复兴离不开文化的繁荣，文化的繁荣离不开对既有文化传统的继承和普及。该书就是基于对中国文化传统的继承和普及而策划的。我们想通过这套图书把具有悠久历史和灿烂辉煌的中国文化展示出来，让具有初中以上文化水平的读者能够全面深入地了解中国的历史和文化，为我们今天振兴民族文化，创新当代文明树立自信心和责任感。

　　其实，中国文化与世界其他各民族的文化一样，都是一个庞大而复杂的"综合体"，是一种长期积淀的文明结晶。就像手心和手背一样，我们今天想要的和不想要的都交融在一起。我们想通过这套书，把那些文化中的闪光点凸现出来，为今天的社会主义精神文明建设提供有价值的营养。做好对传统文化的扬弃是每一个发展中的民族首先要正视的一个课题，我们希望这套文库能在这方面有所作为。

　　在这套以知识点为话题的图书中，我们力争做到图文并茂，介绍全面，语言通俗，雅俗共赏。让它可读、可赏、可藏、可赠。吉林文史出版社做书的准则是"使人崇高，使人聪明"，这也是我们做这套书所遵循的。做得不足之处，也请读者批评指正。

编　者

2014 年 2 月

# 目　录

# 乌　镇

乌镇完整地保存着原有晚清和民国时期水乡古镇的风貌和格局。以河成街，街桥相连，依河筑屋，水镇一体，组织起水阁、桥梁、石板巷等独具江南韵味的建筑因素，体现了中国古典民居"以和为美"的人文思想。传承千年的历史文化，淳朴秀美的水乡风景，风味独特的美食佳肴，缤纷多彩的民俗节日，深厚的人文积淀和亘古不变的生活方式使乌镇成为了东方古老文明的活化石。

# 一、乌镇的起源及历史

乌镇古名乌墩、乌戍。

"乌墩"之名颇为传神。因为乌镇是由河流冲积而成的平原，河流所带来的淤土非常肥沃，呈深黑色，由此得"乌墩"之名。其实，这类以土质颜色得来的地名在当地不止"乌墩"一处，离乌镇9公里处有一个村，叫红墩，其镇志上说："红墩在镇西，地脉坟起，厥土赤壤，村以是名。"不远处还有一个村叫"紫墩"，因为所处之地多紫色土石而得名。

"乌戍"之名则来源于战事。春秋时期，吴越战乱不断，互有讨伐，乌镇是吴越边境，吴国在此驻兵以防备越国，"乌戍"就由此而来。自唐代以后，因乌镇已不再是国之边境，"乌戍"之名也就随之不复存在。

秦代时乌镇隶属于会稽郡，以车溪(即今市河)为界，一镇分属于两县，车溪之西为乌墩，属于乌程县，车溪之东为青墩，归拳县管，乌镇分而治之的局面由此开始。至于"青墩"名称的来由，颇为牵强，王雨舟在《二溪编》中说是"恐与乌接壤故以青为别。"但走在"青墩"和"乌墩"上，估计没有人能用肉眼看出它们之间有什么区别来。

到了唐代，原分而治之的"青墩"和"乌墩"合并，隶属于苏州府。这一时期的乌镇有两种称呼："乌青镇"和"乌镇"。在《光福教寺碑》中，出现了"乌青镇"的称呼，当时镇地置有"镇遏使"一职，乌镇之为镇，自此开始。而在唐咸通十三年（872年）的《索靖明王庙碑》(朱洪撰并书，吴晔篆额)中，首次出现了"乌镇"的称呼。

元丰初年（1078年），又有分乌墩镇、青墩镇的记载，后来因为要避光宗的名讳（南宋宋光宗登基，他的名字是个怪僻字，竖心旁加个"享"，念"敦"，于是天下念"敦"的字全不能用），改称乌镇、青镇，一直延用到解放后。

1950年5月，乌、青两镇合并，称乌镇，属于桐乡县，隶嘉兴，一直延用至今。

## 二、乌镇文化

乌镇很好认，当你看到三堵封火墙、白壁黑瓦、高耸矗立时，乌镇就到了。这是乌镇入口标志，造型典雅，古朴秀丽，颇能代表乌镇民居建筑的特色。

进入乌镇，具有乌镇地方特色的景色和风俗随处可见：

刻画乌镇人民河埠生活的人物群雕像神态各异，挑水、淘米、洗蚕匾、绞衣服、洗衣提水、河边纳凉等不一而足。

乌镇地方特色的高竿船充分让人们看到了蚕乡的独特风俗。

在建筑和工艺文化方面，逢源双桥堪称桥中经典；财神湾则厅堂、廊棚、水阁等一应俱全，颇能代表水乡特色；江南百床馆收藏了众多非常珍贵的江南古床；还有百年老字号的中药店——香山堂、人称"百花厅"的木雕馆、立志书院、革命文学家茅盾祖辈居住的老屋——茅盾故居……它们无一不向人们展示着具有乌镇特色的建筑和工艺文化。

从古至今，乌镇名人大家辈出。从一千多年前中国最早的诗文总集编选者梁昭明太子，到中国最早的镇志编撰者沈平、著名的理学家张杨园、著名藏书家鲍廷博、晚清翰林严辰和夏同善、文学巨匠茅盾、政治活动家沈泽民、新闻学前辈严独鹤、农学家沈骊英、漫画家丰子恺……这些乌镇的天之骄子们，汲得乌镇的灵秀和聪慧，胸怀远大，在历史的滚滚长河中给世人留下了深刻的记忆。

也曾有无数文人骚客慕名而来，到乌镇游学，甚至是长期寓居。中国山水诗派开创者谢灵运、齐梁文坛领袖沈约、唐朝宰相书画大家裴休、南宋中兴四大诗人范成大等，都在乌镇为后人留下了珍贵的文化遗产。

正是这些独具特色的景，这些不同凡响的人，给"一样的古镇，不一样的乌镇"做了最具文化底蕴的诠释。

# 三、主要景点

岁月催人老，乌镇却经得起年复一年的风霜雨雪。那逝去的日子，没有改变它原有的风貌和格局，却给它增添了几分成熟与神秘。镇上那些风梁、柱、门、窗上的木雕和石雕依然掩不住精湛的工艺；那些古老的房子，仍在一代又一代地为建造它们的勤劳而聪慧的人们遮风挡雨。

乌镇与水融为一体，全镇房屋倚河而筑，甚至伸入水面，以河成街，桥街相连。镇上的石板小路、深宅大院、重脊高檐、河埠廊坊、过街骑楼、穿竹石栏、临河水阁，都是古色古香，呈现出它独有的灵秀和古朴，带给人们以祥和与幽静，"小桥、流水、人家"，正是一幅典型的江南风景画。身在其中，清清湖水的气息拂面而来，让人如临仙境。

乌镇处处是景，镇上有修真观、昭明书院、唐代古银杏、转船湾、双桥以及我国保存最完好的明清建筑群——西栅老街。同时，浓厚的文化底蕴也是另一种风景，它是我国现代文学巨匠茅盾故里，镇上的茅盾故居是茅盾的出生地，现为国家级重点文物保护单位；东栅景区的立志书院是茅盾少年读书之地，现辟为茅盾纪念馆。

乌镇景区分成东西两个景区，东栅景区于 2001 年开放；西栅景区在经过修缮之后，2006 年 10 月对外开放。

## （一）东栅景区

1999 年，乌镇制订了《乌镇古镇首期整治保护总体规划》，开始了对东栅景区的开发。整个开发过程中，乌镇以"四个最"（即保护最彻底、环境最优美、功能最齐全、管理最科学）为目标，成功运用现代建筑科学技术，实施了遗迹保护工程、文化保护工程、环境保护工程等"三大工程"。

2001 年，东栅景区正式对外开放，自开放伊

始，即以其传承千年的历史文化、原汁原味的水乡
风貌和独具一格的美味佳肴、充满乡土气息的民俗
活动，吸引了众多的游客，成为著名的古镇旅游
胜地。

东栅景区现为国家 4A 级景区，是以旅游观光
为主的景区。

### 1. 江南百床馆

江南百床馆又称赵家厅，占地面积约 1200 多平方米，坐落在乌镇东大街
210 号。它是我国第一家专门收藏、展出江南古床的博物馆，馆内收藏有明、
清及近代的江南古床精品数十张。藏品样式既有富商大贾的豪华床具，也有极
普通的平民百姓的各式木床，从一床一室到一床多室(床内备有化妆间、卫生
间、仆人间等)，可谓百花齐放，集江南床文化之大成。

第一展厅陈列着明朝马蹄足大笔管式架子床等床。它们造型简洁明快，比
例均衡，强调形体线条，同时多用原木漆，充分展示硬木的色泽和纹理特点，
浑然天成。

第二展厅陈列着拔步千工床等床。这批床材质优良，工艺复杂，制作精良，
是木雕床中的精品。其中清朝拔步千工床被誉为"镇馆之床"，用料为黄杨木，
长 217 公分，深 366 公分，高 292 公分，前后共有三叠，之所以叫"拔步千工
床"，是因为它由一千多个工人，经过三年才雕成。

这些床让人由衷地赞叹中国床文化的博大精深和我国劳动人民高超的艺术
修养和想象力以及成熟的造床工艺。

参观百床馆，不仅在于观赏其收藏床的数量的多少，更需体会人们赋予每
张床的丰厚的历史与生活内涵：或造之以求平安、或寄望其能带来多子多福。

按照人的需求层次的理论，只有当人们生活安定富裕的时候，才会有时间
和精力去追求更高的精神享受，床被人们当艺术品来进行雕琢，体现的不仅仅
是其所蕴含的艺术价值，更是一种体现国泰民安、人们尽情享受生活的心境和
处世态度。

### 2. 江浙分府

江浙分府俗称二府衙门，在明朝叫浙直分署，是乌镇历史上特有的一个政
府机关，主要职责是管理地方盐政，缉捕强盗，同时受理地方的民事案件和纠

纷。从明朝嘉靖年间成立到民国初年撤销的三百七十多年里，它经历了多次名称的更改和地址的迁移。

历来行政辖区的交界地是很容易产生"三不管"的情况的，因为乌镇在两省（浙江、江苏）三府（嘉兴、湖州、苏州）七县（桐乡、石门、秀水、乌程、归安、吴江、震泽）交界的地方，而且河流纵横交错，地形复杂，人口稠密，很容易成为藏污纳垢之所，吏治难清。明嘉靖十九年（1540年），时任广东按察副使的乌镇人施儒上奏折建议将乌镇立县而治，在部议时，朝廷决定在乌镇增设通判一职，在普静寺东边建了衙门，驻守乌镇，专门治理。

隆庆二年（1568年），因为之前的几任官员经常在郡城接办其他事务，很少驻在乌镇，被指为冗员，撤销了这一职位。

万历三年（1575年），乌镇周边盐盗猖獗，参政朱炳如、巡抚谢鹏举、巡按萧禀共同上疏，在乌镇重又增设总捕同知一职，称"督理巡盐捕盗同知"，要求长年驻守乌镇，专门缉捕盗贼、管理地方水利盐政，同时处理地方诉讼等。此职权力较大，附近府县都任其约束调遣，于是扩建原来的衙门，改称"浙直分署"。

清朝初期，仍沿用万历年间的建制，设同知一职，衙署的地点也没有变。

顺治四年（1647年），在吏治改革中又一次被撤销，衙署也全部拆毁。

康熙元年（1662年），分守道张武烈又奏请把湖州府总捕同知移设至乌镇，命其"控制江浙巡盐捕盗"。因为以前的衙署已经毁掉了，乌镇一个叫董汉策的财东捐出了西中桥左边的空房作为衙署，名为"督捕同知署"。后来过了十九年，官员又全都搬回了府城。

雍正三年（1725年），乌镇的士绅商贾们以"盐盗不靖"为由，请求总捕同知重新搬回乌镇，清剿盐盗。第二年，巡抚李卫同意了士绅们的请求，改"湖州府总捕同知"为"乌镇捕盗同知"。

雍正六年（1728年），官府买下了西栅桥西进士唐彦晖的故宅，拨官银进行改建，直到这时，才有了"江浙分府"之名。

咸丰十年（1860年），江浙分府大堂因战祸遭毁。

同治四年（1864年），官衙又重新修缮。

民国成立以后，同知被废，衙署也就空置了下来。

民国四年（1915 年），衙署被卖做民宅，衙署被部分拆建。

2004 年，乌镇政府按照清朝同治年间的样貌在原址上修复了江浙分府，成为了今天的样子。

3. 江南民俗馆

乌镇东栅的金家曾富甲一方，宅院很大。他们的旧居在景区建设时，被改造成了展示江南生活的地方——江南民俗馆，用于展示晚清至民国时期乌镇的寿庆礼仪、婚育习俗和岁时节令等民俗。

衣俗厅以实物、蜡像、照片等不同手段展示一百多年乌镇民间的穿着，真实地反映了当时中西合璧的历史衣着状况。

节俗厅生动地展现了一年不同节气中乌镇人不同的生活习俗活动，比如春节拜年、元宵走桥、清明香市、立夏秤人、端午吃粽、水龙大会、天贶晒虫、中元河灯、中秋赏月、重阳登高、冬至祭祖等等，是宝贵的文化遗产。

婚俗厅以喜堂拜堂为中心，通过新人、媒婆、父母等人物以及花轿、嫁妆等实物展示婚庆的热闹场景。

寿俗厅以老人祝寿为主题，通过厅堂的吉庆实景和字画、寿幛、寿桃、寿面等特有的做寿物品，展示了老人做寿的民俗。

4. 江南木雕陈列馆

江南木雕陈列馆又名百花厅，原来是东栅徐家的豪宅，以木雕精美而闻名于世。

整个宅院雕梁画栋，尤其是门楣窗棂上雕刻的人物和飞禽走兽，运用了圆雕、平雕、透雕、镂空雕等多种雕刻手法，每一样都活灵活现，栩栩如生。

现在，在宅院里又陈列了丰富的中国古代木雕精品，更是增强了它的魅力。所陈列的木雕取材丰富，有"八仙过海""郭子仪祝寿"等民间传说；有"打鱼""斗蟋蟀""敲锣打鼓"等生活场景；也有"龙凤呈祥""松鼠吃葡萄""梅兰竹菊"等中华民族的传统图样。

馆内尤以"郭子仪祝寿"骑门雕花大梁为世人惊叹，整个大梁长 4 米，宽约 40 厘米，用整块樟木精雕而成，雕刻着唐朝名将郭子仪做寿的场面，人物个个神态逼真，栩栩如生。其用料和雕工都非寻常可见，曾经有客商出巨资求购而不得。

江南木雕陈列馆藏品丰富，具有深厚的文化底蕴，而且趣味十足，让人流连忘返。——看来，可以让人体会到中国几千年来博大精深的木雕文化。

5. 余榴梁钱币馆

余榴梁是土生土长的乌镇人，是一名钱币收藏大家。他著有《中国花钱》《中国鉴赏与收藏》《钱币》《钱币漫谈》《钱币学纲要》《世界流通铸币》等十多部影响颇大的钱币学术书籍。

经过四十多年的收集，他拥有世界上 230 多个国家和地区各个时期的钱币，共达 26000 余种，包括各种类型（金属流通货币、纸币、花钱等）、不同材质（金、银、铜、铁、锡、铝、铅、锑、陶、镍、纸、竹、骨、琉璃、塑料等）、不同时代（从夏商到现代，绵延三十个世纪）的钱币。其数量之多、范围之广、品种之全在全国首屈一指。

钱币馆只是在一座普通的乌镇民居内，但是它展出的都是余榴梁收藏的钱币精品。在这里，可以让人了解到古往今来钱币的变更；在这里，钱币不仅仅是可以购买货物的东西，更包含着一种文化，一种智慧。

6. 宏源泰染坊

蓝印花布，俗称"石灰拷花布""拷花蓝布"，是中华民族传统的民间工艺布品，已有上千年的印染历史，以其独特的风格闻名于世。

传说，农夫葛洪深爱着自己的妻子，因家贫，无钱为爱妻购买太好的布料，遂自创蓝印花布。该布的原料（土布、染料）都来自乡村，以民间工艺用典雅的蓝白二色染制，图形图案都是农村常见的花草树木，充满浓郁的乡土气息，亲切、自然、清新，具有鲜明的民间和民族特色。

此后，因其价格低廉，且颇为美观，江南一带农村，家中的窗帘、头巾、围裙、包袱、被子、台布等大多是用它制作。

至今蓝印花布的印染仍沿用民间原始工艺，纹样设计、花稿刻制、涂花版、

拷花、染色、晒干等都保持着纯天然、无污染，深受人们喜爱。

乌镇是蓝印花布的原产地之一，乌镇的宏源泰染坊始建于宋元年间，是乌镇蓝印花布和蓝印花布制品的生产制作基地，同时也是其集散中心。

在宏源泰染坊，可以看到全套工序的演示，对面还有一家蓝印花布原料作坊，轧棉籽、纺纱线、织棉布，一路看下来，就能了解到它的全部制作方式，如果感兴趣，还可以带一些蓝印花布的成品回家。

染坊西侧有一家蓝印花布收藏馆，馆中展示了许多蓝印花布制品。

7. 文昌阁

立志书院门前河埠上有一座楼阁，叫文昌阁。古时的读书人都由下人陪同乘小船到文昌阁来。小船就停在阁下的河边，只有读书人才能上楼，下人就坐在过道两旁的长凳上等候。

废除科举后，文昌阁便成了人们游玩的地方，同时由于长期以来造就的中心地位，它又是乌镇的新闻传播中心。

8. 茅盾故居

茅盾故居坐落在乌镇市河东侧的观前街 17 号，它坐北朝南，前为观前街，后靠雁飞阁商场，西临新华路，东邻立志书院。是嘉兴市迄今唯一的全国重点文物保护单位。

这是一栋普通的清代民居，木质结构，共两层，面宽四间，分前后两进，中间有一个狭长的小天井，总面积约 450 平方米。故居布置简单，却掩不住沈家独特的世代书香。

在清咸丰十年（1860 年）太平军和清军的多次交战中，故居附近的房屋大部分被毁，但这座房子却安然无恙。

光绪十一年（1885 年）左右，茅盾的曾祖父沈焕在汉口做生意赚了钱，由茅盾的祖父先买了东边的两间两进，即"老屋"，后又购得西边的两间两进，即"新屋"，作为家人住宅。

"新屋"和"老屋"结构一致，中间虽然有一道隔墙，但楼上楼下都有门连通，使之浑然一体。临街四间，楼下是木板排门，外面有半截木矮门；楼上是木板窗。"老屋"第一进楼下东面一间为过道，是全家出入的大门；西边一间是家塾，用板壁与过道相隔，临街开了三个吊窗，可将上半截木板吊起采光。

茅盾故居不在于其建筑价值，而在于曾经居住其中的人，它带给人们的是

乌镇

9

一种文化，一种精神，也具有一定的政治色彩。

### 9. 夏同善旧宅

离茅盾故居不足百米，有一处大家的庭院，这是清朝刑部官员夏同善外祖父家的宅子，挂有夏同善的画像。在这里，有一段与"杨乃武与小白菜"有关的故事。

夏同善，浙江钱塘人，自幼丧母，后其父续弦，继母对其视如己出，在夏同善幼年读书时，杭州城夏天太热，便送他到乌镇读书，居于其外祖父家中。

"杨乃武与小白菜"案发生在杭州府余杭县，是至今仍为世人所周知的四大奇案之一。夏同善是此案最后的审判者，还和杨乃武有些瓜葛，杨乃武胞姐杨淑英年轻时曾是夏同善继母的下人，在夏同善的指点下，杨淑英到北京的刑部大堂告御状，才使杨乃武一案得以昭雪。

"杨乃武与小白菜"一案昭雪后，杨乃武从此终生不第，悬壶济世以度余生。而小白菜葛秀姑为报答夏同善的救命之恩，却来到了乌镇夏同善的外祖母家，侍奉晨昏三月有余，然后削发为尼，了却余生。

### 10. 修真观

历史上乌镇的寺、庵、庙、祠最多的时候有53处之多。素有"一观二塔九寺十三庵"之说，其中一观是指东栅的修真观。

北宋咸平元年（998年），道士张洞明在此修真得道，乃创建"修真观"。观刚建成时，有青鸾飞到修真观上空，盘旋不去，引来众人争相观看，修真观声名远播，与苏州玄妙观、濮院翔云观并称"江南三大道观"。

修真观初建时有三大殿，前为元武殿，中为三清阁，后为轩辕坛。后来几经兴废修缮，现修真观共分三进，一进为山门，二进为东岳大殿，三进为玉皇阁，两边分设十殿阎王、瘟元帅、财神等配殿。山门正门上方挂有一特大算盘，下方有一副对联："人有千算，天则一算"，发人深省。

修真观广场用石板垒筑，位处镇中，开阔宏大，曾经是乌镇的集市中心，现在成了开展大型活动的地方，至今已在此举办了第五届茅盾文学奖颁奖典礼、江南水乡特种邮票首发式、第一届中国·乌镇香市开幕式、乌镇武术迎中秋专场表演、海外华人乌镇中秋赏月等大型活动，成了古镇新的文化娱乐中心。

### 11. 古戏台

清代至民国初年，京剧盛行，有的用木板临时搭建舞台，称"草台"，也有部分用寺庙的固定戏台，称"庙台"，观众可站在空地上免费观看。乌镇修真观广场上就有一座"庙台"，又称修真观古戏台。

戏台建于清乾隆十四年（1749 年），屡遭毁损，1919 年修缮后，一直维护至今。戏台占地 204 平方米，北与修真观隔街相对，南临东市河，东倚兴华桥。戏台为歇山式屋顶，飞檐翘角，庄重而灵秀。梁柱之间的雀替均为精致的木雕，有极高的艺术价值。戏台共分两层，底层用砖石围砌，可从边门和前门进出，边门通河埠，底层后部通楼台，也可以通过翻板门下到河埠。上层戏台分前后两部分，后部是雕花矮窗的化妆室，前部是正对广场的戏台。

戏台两边的台柱上有对联一副："锣鼓一场，唤醒人间春梦；宫商两音，传来天上神仙。"正中上方挂有"以古为鉴"的横额。

古时，正月初五的迎财神会、三月廿八迎东岳庙会、五月十五迎瘟元帅会等，都要在戏台上演神戏以敬观中诸神。平时，乌镇凡有人损害公益犯了众怒，当事人都须出钱请戏班子在戏台演戏，以示忏悔，称"罚戏"，这是乌镇一种传统的解决纠纷的方法。

戏台也曾演出过抗日话报剧。1937 年，上海救亡二团来乌镇宣传抗日，在戏台演出了当时很著名的话报剧《放下你的鞭子》。此后，戏台大部分时间都空置。现在，随着人们生活水平的提高，戏台又恢复了往日的热闹景象，每天早上 8 点到晚上 22 点都在演桐乡的花鼓戏。

### 12. 汇源当铺

汇源当铺在应家桥和南花桥之间，有五开间的门面。

据《乌青镇志》记载，乌镇典当行最多时达 13 家，太平天国前还有 7 家。到了 1931 年，仅剩下汇源当一家还勉力支撑，至日寇入侵，汇源当铺也告停业。至此，乌镇典当行的历史宣告完结。

当铺四周有高墙围护，盗贼无法翻墙而入，靠外墙脚都是用一人头高的条石砌成，防止盗贼挖洞，而且还有高出屋顶的更楼，有专人日夜值守。大门用不易着火的厚实的银杏木制成，外面再加包铁皮，门里面有坚实的门闩、落地

右侧竖排：乌镇

11

门，使大门既防火，又能防盗抢。

进门有关帝堂，既表示当铺以"忠义为本"，又有避邪之用。头埭为店厅，是收兑典物的交易场所，除了汇源当以外，大多设有高柜台、木栅栏。前来典当物品者递上典当品后，任凭伙计居高临下地吆喝开价，使典当者低人一头，自然没有了讨价还价的心思。后埭是库房，为了防火，埭与埭各不相连，并且在庭院中放了不少挑满水的七石缸，称之为"太平缸"，以随时应付火灾。

汇源当是徐东号于道光年间创办的。徐东号资金雄厚，又好做善事，所开汇源当不设高柜台和木栅栏，交易时双方可以平等地讨价还价，并且每年的十二月（初一到月底）千文以下的典户不计息，所典的钱也给得比较多，连石臼也可以进行典当。可见他开典当不单是为了赚钱，更有照顾贫民、助其渡过生活难关之意，所以在乌镇徐东号无人不知。

13. 财神湾与财神堂

财神堂内供有一尊等人大小的财神雕像，原身是比干丞相，因其掏心而死，后人认为他没有私心，被乌镇人尊为东路财神，以此告诫人应取仁义之财，不能有过多的私心私利。每年的农历正月初五，乌镇居民都会来财神堂前烧香祈福，以求财运。

财神堂前为集市，现在则有香山堂药店、财神堂、逢源酒楼、财神湾茶庄等场所，已成为古镇居民新的聚集中心。

因乌镇的水系比较特殊，呈"十"字型，越到栅头河道越窄，船只不易掉头，而前来财神湾的人又比较多，所以人们就在财神堂附近开塘挖河，开辟了一个船只调头的地方，叫转船湾。同时，因为其他地方也有转船湾，为使其有所区别，便以旁边的财神堂为名，称财神湾。

财神湾汇集了水乡的特色建筑，错落有致的民居、幽幽的古街、与碧水蓝天融为一体的廊棚水阁，共同构成了一幅美丽的水乡风景画。

（二）西栅景区

东栅景区成功地保护了乌镇宝贵的历史风貌和遗产，同时也给乌镇的地方经济带来了蓬勃生机。但乌镇还有大量的经典明清建筑群尚待保护修复，且受地理环境的限制，无法为游客提供完善的配套设施和服务。

因此，2003 年，乌镇投入十亿元巨资，开始启动古镇保护二期工程——西栅景区开发工程。

西栅景区占地面积 3 平方公里，毗邻古老的京杭大运河畔，进入西栅必须得乘渡船。它是岛与桥的世界，12 座小岛散落在纵横交错的河流里，70 多座小桥将这些小岛串联在一起，其河流密度和石桥数量均为全国古镇之最。

西栅讲求的是"和谐"，每一处景都体现出它的对称之美。如通济桥和仁济桥两桥，互成直角相邻，不管站在哪一座桥边，都可以看到一个桥洞里的另一座桥，有"桥里桥"之称，是乌镇最美的古桥风景，堪称桥景一绝。

西栅有许多历史悠久的独具特色的东西，长达数公里的老街、已经不知道建造年代的青石板路、凌空建于水面的房屋，都透出了它的古老幽静。夜幕降临时，三五好友聚在一起品酒喝茶，闲话家常，看着对岸楼台上的戏剧，或到水边放几盏莲花灯，是多么令人向往、令人心醉。

这里还保留着一些独特的民俗活动。以前，在特定的节气里，女人们梳妆后，各带一只平时煎药的瓦罐结队而行，过桥时将瓦罐丢入河中，祈求在新的一年里全家人无病无灾。到了现代，出于环保，人们不再丢药罐了，提灯走桥演化为节日里的游乐和祈福活动。

这里有众多颇具吸引力的纯手工物品：一是让当地红烧菜系独具一格的手工制酱；二是纯手工铸造的生铁锅；三是始创于光绪初年的益大丝号所生产的蚕丝制品，游客还可以亲手在缫丝机上操作，颇有趣味。

西栅的酒店和民宿也很特别，在明清时期的建筑里，享受着空调、直饮水、天然气、宽带网络、卫星电视等现代设施带来的便利，古与今融为一体，让人心情舒畅。古街上还"藏"着高级商务会馆、SPA 养生馆、酒吧等最现代化的娱乐休憩场所。

1. 益大丝号作坊

乌镇物产富足，适合种桑养蚕，居民多以养蚕制作丝绸为生，素有"丝绸之乡"之称。再加上河流纵横，交通便利，乌镇便成为了辐射周边地区的丝绸业集散中心。

乌镇

益大丝号是沈学昌于光绪初年（1875年）所创，历经一百多年的兴衰起落，以优良服务取胜，薄利多销，逐渐发展成包括种桑、养蚕、缫丝、制丝、造锦为一体的大作坊，闻名于世。

益大丝号作坊区全面展示了蚕桑文化的悠久历史。从种桑、养蚕、收茧到缫丝、织锦的各道工序，你可以在这里看到几十年的老桑树，观察蚕从出生到吐丝结茧的整个过程；可以体验在古老的缫丝机上缫丝的乐趣；也可以观看国宝级的乌锦织造工艺，欣赏精美绝伦的乌锦珍品展示。

2. 草木本色染坊

草木本色染坊是手工环保印染晾晒的大型工坊。

工坊占地2500平方米，晒布场用青砖铺成，上面立着密密麻麻的杆子和阶梯式晒布架，非常壮观。染坊以蓝草为原料浆，染制传统的蓝印花布。染坊还有一套独特的彩烤工艺，从当地的草木如茶叶、桑树皮、乌桕树叶等原料中提取染料，色彩丰富，所以这个染坊叫做草木本色染坊。

3. 昭明书院

昭明书院因曾在乌镇筑馆读书的南梁昭明太子萧统而得名。

萧统是我国历史上颇具影响力的文人，其编辑整理的《文选》是我国第一本诗歌散文选集，该选集和后来的《古文观止》《唐宋八大家文钞》一同成为古代读书人案头必备的文学读本，影响甚为深远。

书院坐北朝南，为半回廊二层硬山式古建筑群。主楼现为图书馆，并设有电子阅览室、讲堂、书画、教室等。中间是校文台，是古人著述编校之处。前方庭园中有四个水池，古木参天，环境幽静。

正门入口有明朝万历年间（1573—1620年）所建的一座石牌坊，高5米，面宽3.8米，上题"六朝遗胜"，龙凤板上是沈士茂题写的"梁昭明太子同沈尚书读书处"等字。1981年，桐乡县政府将其进行修整后列为县级文物保护单位。

书院西为拂风阁，是喝茶、读书、交流的场所，水池中央有明代所建的经幢。傍晚，坐在露天的亲水平台上，一边喝茶，一边看书，听听音乐，享受着轻风拂面，别有一番滋味。

书院后侧是茅盾文学奖获奖作家及作品展馆，

馆内陈列着历届茅盾文学奖获奖作家的照片、介绍和获奖作品。

4. 白莲塔(寺)

白莲塔寺是乌镇"一观二塔九寺十三庵"中的"二塔"之一。

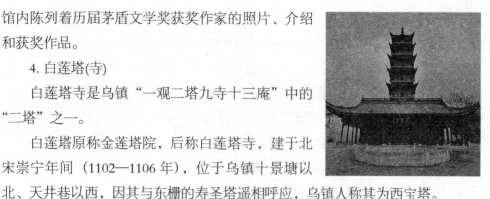

白莲塔原称金莲塔院，后称白莲塔寺，建于北宋崇宁年间（1102—1106 年），位于乌镇十景塘以北、天井巷以西，因其与东栅的寿圣塔遥相呼应，乌镇人称其为西宝塔。

现在的白莲塔有七级，塔高 51.75 米，是乌镇最高的建筑。从运河坐船来乌镇，望见白莲塔，就知道乌镇到了。

塔下是八角形的升莲广场，广场中是放生池，东侧河岸边有一条石舫。

白莲塔是宋元时期江浙一带通行的砖木混合结构的阁式塔，整个塔体由第一层起向内逐渐收拢，外观呈梭状，塔基和塔平面都呈正方形，塔内地面用清水方砖铺成。

登上塔来，可以看到运河和乌镇的全景。现在有了灯光，到了晚上，塔身被照得晶莹剔透，煞是好看。

5. 水上戏台

顾名思义，这个戏台是建在水面上的。它位于西栅老街的北侧，其规模之大，建造之精美，均属国内罕见。

水上戏台的表演台两边相通，便于走台换场；观众席分上下两层，中间是散席，相当于普通座位，是给普通的戏迷看戏的，两边则是包房（阁楼），是为那些不愿被别人打扰的有钱人准备的。

戏台正中的表演台甚是豪华，台中屋顶藻井更是光辉夺目。屋顶四周雕有明、暗八仙，个个栩栩如生，台中间的大梁上刻的是唐明皇李隆基看戏的场景，还有十八罗汉像。站在戏台上，还可以看到对面的齐门雕花大梁上唐玄宗李隆基统治前期的年号——开元。

西栅的水上戏台与修真观古戏台相互呼应，是昔日乌镇和临近一带镇、乡民文化娱乐的重要场所。

6. 灵水居

灵水居占地两万平方米，是西栅最大的一个园林建筑景点。

乌

镇

据记载，崇祯初年进士唐龙在此修建了私家花园，取名为"灵水仙居"，后毁于战乱。现在所看到的园林是按原样修复的，整个灵水居明媚秀丽、淡雅朴素，曲折而幽深。

进入园内，首先映入眼帘的是一堵蜿蜒的围墙，雕刻有中国传统风格的图案，中间为"双龙戏珠"，两旁的是"梅竹仙鹤"，穿过透窗可领略到园中石山、秀水、绿树，尽得透景之妙。

灵水居之所以著名，不仅因其园林景色，更因为在这里长眠着中国文坛巨匠茅盾先生，先生的纪念堂和陵园就在灵水居东侧。

除此之外，王会悟、孔令境、沈泽民等人的纪念馆也坐落在灵水居内，名人纪念馆齐集灵水居，给这秀丽的景色平添了几分豪气，灵水居也因此成为革命传统教育的"红色旅游"圣地。

7. 茅盾陵园

茅盾陵园坐落在乌镇西栅的灵水居内东侧的山坡上，墓中安放着茅盾和夫人孔德□的骨灰，陵园东侧移建有茅盾母亲陈爱珠的陵墓。

陵园背山面水，是乌镇最为完整的生态园林，植被保护良好，绿树成荫，空间宽阔，堪称"风水宝地"。

这里是西大街的最高点，居高而望，视野开阔，先生早年生活时的景象尽收眼底；整个陵园以先生的代表作品《子夜》的"子"字为造型布局，简洁流畅、经纬分明、四通八达，通往陵园的道路上，建造了三种不同造型的 85 级台阶，寓意先生人生三个不同的阶段和 85 年的生命历程。

陵园的中坡还建有"怀思亭"，可以俯瞰整个灵水居的全貌。

整座陵园不仅美感十足，而且寓意深刻。

8. 茅盾纪念堂

茅盾纪念堂位于乌镇西栅灵水居内，建筑面积约 1000 平方米，分为上下两层，陈列有茅盾遗物 59 件，书籍近 1000 余册，图片 90 多幅。整个展馆以人生之路和文学之路为主线，展示了茅盾先生波澜壮阔的一生。

纪念堂是 2006 年 7 月 4 日即茅盾先生诞辰 110 周年，乌镇人民为了迎接茅盾及其夫人孔德沚的骨灰回归故乡时修建。它表达了乌镇人民为先

中国古城镇

生而骄傲的心情，同时也是对先生的缅怀。

纪念堂左侧是按照北京茅盾故居的格局还原布置的茅盾生前使用的书房，右侧的房间是陈列茅盾先生遗物的展厅，博古架上的玉盘、瓷器等是先生任文化部长期间，出访各国时众多友人所赠的物品。展厅左侧有四个播放机，可以聆听先生讲述笔名"茅盾"的由来和他创作生涯的开始等内容。

纪念堂正中有一水池，中央的黑色花岗岩平台上是汉白玉雕刻的茅盾先生的遗像，水池中潺潺流水永不停息，象征着茅盾先生提倡的"为人生"的文艺思想生生不息。

9. 桥里桥

乌镇西栅有一座通济桥和一座仁济桥，二桥一座呈南北方向，一座呈东西方向，成直角相邻，无论站在哪一座桥边，都能够通过桥洞看到另一座桥，因而博得"桥里桥"的美称。

两桥都是拱形结构，高大雄伟，站南河岸观看，两桥半圆形的桥孔倒映水面，半虚半实地构成一个圆形，是乌镇的一大景观。到了晚上，双桥在灯光映衬下更加显其精美绝伦。

"桥里桥"是人文美和田园美的完美交融，兼具了野性的奔放和构造的精巧。桥缝中野树虬枝横斜，桥柱上对联大气磅礴，站在桥头四望，水阁风光一览无余，京杭运河蜿蜒北去，文昌阁风姿绰约，白莲塔巍峨高耸，堪称桥景一绝。它是乌镇乃至全国最美的古桥风景，和其他的双桥相比，无论气势还是造型都首屈一指。

10. 三寸金莲展馆

中国历史上有众多的文化精华，但同时也存在着一些封建陋习，女性缠足就是其中的一项。

在乌镇，有一个《绝代金莲》主题展馆，共展出历史中国各地不同的缠足鞋 825 双，还有众多的图片及缠足用具，并配有翔实的文字说明。如此全面、系统地展示缠足文化，在世界上也是第一家。

它用大量珍贵的实物和图片向人们讲述乌镇历史，同时也是中国历史上妇女们让现代人可能无法想象的畸形地追求美的历程，在那时，中国的妇女判断

乌
镇

自己是否美丽最主要的标准不是美丽的容貌和婀娜多姿的身材，而是自己的脚够不够小，够不够迷人，它的最高境界就是"三寸金莲"。

乌镇三寸金莲展馆提供了一个了解金莲历史的窗口，看到这些触目惊心的实物和图片，中国女人千年以来的欢笑和泪水历历在目，带给人们的是一种锥心的疼痛。

11. 老街长弄

乌镇俗称有四门八坊数十巷，街、坊、巷的数量和规模在全国古镇中鲜有见者。据民国时卢学博所著《乌青镇志》记载，当时尚存八坊八街六十八巷，其中八坊可细分为四十七坊，八大街尚存常春里大街、澄江里大街、通里大街、南大街、中大街、北大街、观前街和东大街。

到现在，坊和巷的变化很大，历年来人口的增加，所搭建的房子也特别多，使得坊巷有的面目全非，再难觅前日之踪影。而由于乌镇老区总体格局变化尚不很大，大街则变化不大，尤其是观前街、东大街、南大街、西大街等，仍然保存完好，并且还在发挥着它昔日的功用。

乌镇西栅的石板路全长五公里有余，完全是数百年前原汁原味的模样。古镇上石板路不少，但仍然如此完整的却并不多见。走在这些被岁月磨得锃亮的石板路上，仿佛时光倒流，将人带回到了几百年前的古色古香中。

古镇众多的小巷长弄纵横交错，将大街串联起来，其中以染店弄最幽长窄小，因其旧时两边俱开设染坊得名。街两边是马头墙隔出的店铺和民房，门大多是木板的，残缺的雕花和斑驳的油漆让人感觉到时光的无穷魅力。横骑在大街上的拱券门两两相对，那是以前大户人家的墙界标志。

老街大都沿河，街与河之间也是房子，每隔一段，总有一个河埠连通河道，方便居民坐船时上下和洗涤。

中国古城镇

# 四、传说

## （一） 昭明求学

萧统是南朝梁武帝的儿子，称昭明太子。他刚出生时，右手紧握拳头，不能伸直，众人使尽办法都无法掰开，梁武帝以为其手残，甚是担忧。于是有大臣建议张榜招医，梁武帝应允，张榜公示天下：谁能掰开太子的手，太子就拜他为师。

时有乌镇人沈约，见了榜文，便揭榜前去。他捧起太子的手，轻轻一掰就分开了。梁武帝甚喜，赐封沈约为太子的老师，专门教太子读书。沈约先人之墓在乌镇河西十景塘附近，他每年清明都要回乡扫墓，且需守墓数月，梁武帝不能阻止沈约回家扫墓尽孝，又怕儿子荒废学业，于是在乌镇建一座书馆，命昭明太子跟随沈约来乌镇读书。

萧统久居皇宫，生活枯燥无味，初来乌镇，年幼的他被景色所迷，见着什么都觉得稀奇，于是终日游玩嬉戏。沈约治学严谨，见太子不肯读书，便对他讲了一个故事："有一年冬天，我回乌镇过年，轿子经过青镇一座庙，被庙前一群百姓挡住了去路。我吩咐停轿查询，原来庙里冻死了一个十多岁的小叫花子。围观的百姓说，这小叫花子父母早亡，无依无靠，白天沿街乞讨，夜晚宿在庙堂。但他人穷志不穷，讨来的钱，除了买吃的，余下的都用来买书，在佛殿琉璃灯下夜读。可是一夜西北风，竟夺去了他年幼的生命。我当时进庙一看，只是这小乞丐虽然面孔瘦削，却眉清目秀，他仰面躺在稻草堆里，身体已经冻僵，左手还拿着一本书。他是有志于学，至死还不忘读书呀……"

昭明太子听完后，甚是感动，从此刻苦读书，终成有名的文学家。

后来，沈约把先人坟墓迁至京城，把他在乌镇的府第捐为白莲寺，萧统舍馆为寺，这就是后来的密印寺。

明朝万历年间，驻乌镇同知全廷训在白莲寺门前建了一个石坊，题为"六朝遗胜"。沈士茂题书"梁昭明太子同沈尚书读书处"。这石坊位于乌镇西栅景

乌镇

区内，至今保存完好。当地和临近百姓常携子女前来进行教育，让孩子们立志读书，以期成就栋梁之材。

### （二）乌将军与古银杏

乌镇市河西岸有棵古老银杏树，从唐代传到现在，已有一千多年的历史。树木古朴苍劲，又高又大，需三人合围，十里外便可望见树顶。银杏的来历，与唐代一位英雄有关。

唐宪宗元和年间，有个姓乌名赞的将军爱国爱民，武艺高强，英勇善战，人称乌将军。

唐代自安史之乱以后，中央实力渐弱，地方官吏飞扬跋扈，纷纷割据称王。当时，浙江刺史李琦也要称霸，就举兵叛乱，致使这一带兵荒马乱，百姓无法生活。皇帝就命乌赞将军同副将军吴起，率兵讨伐，他们穷追猛打，直打得叛军望风而逃。

当乌将军率军追至乌镇的车溪河畔时，李琦突然挂出免战牌，要求休战。乌将军体谅属下辛苦，就地扎营，欲次日再战。谁知在当天深夜，叛军却偷袭营地，乌将军奋起迎战。李琦向后退到车溪河边，从一座石桥上飞快逃过。乌将军越马上桥，他和他的青龙驹被一阵乱箭射死。原来李琦在桥塘下设下陷阱，暗害了乌将军。

后来吴起赶来，杀退了叛军，把乌将军埋葬在乌镇车溪河西，为他堆坟立碑。说也怪，就在当天夜里，人们看到乌将军的新坟上，射出点点闪光的红光，还传出阵阵的战马嘶鸣。第二天，坟上冒出一株绿叶银杏，很快就长成参天大树，奇怪的是这棵银杏从来不结果实。大家说，这银杏是乌将军化身。

由于平定了李琦的叛乱，百姓免遭战乱之苦。人们为了纪念这位热爱国家的将军，在乌镇建造了一座乌将军庙，并在庙中悬挂一块匾额，上面写着"大树属将军"五个字。乌将军也从此成为保佑当地百姓的地方神。

### （三）妙普禅师的传说

妙普禅师，字性空，汉州人氏，生于宋神宗熙宁四年，卒于南宋高宗绍兴十二年（1071—1142年）。

性空禅师性情耿直，不稍矫饰，与朋友交往不假辞色，甚至当面指正对方缺失，人皆敬畏，视为友之直者。他不喜攀缘，经常以一根竹杖、褴褛衲衣游历名山丛林，或者挂单在千年伽蓝，或者寄宿于久无人居的古屋。后来参访黄龙死心禅师，深契要旨，从此不再云游四海，折杖坚守死心门下。

建炎初年，徐明起兵造反，杀掠淫夺，黎民受害惨绝人寰，流寇沿途抢劫至乌镇，性空禅师刚好云游至此，看到哀鸿遍野，殍尸塞流，于是独自策杖前往贼营。

到得营中，贼兵怀疑性空禅师为奸细，欲挥刀砍杀，性空却要求先赠一白饭食之，气定神闲，毫无惧色，遂依言给饭。饭后，又求笔墨以立墓志，挥毫泼墨间，正气凛然。众贼兵为其气势所镇，释放性空，逃离乌镇，就此化解了一场浩劫，全镇人民的性命得以保全。

从此禅师声名远播，道俗仰慕求教者络绎不绝，而禅师依然故我，一身褴褛云游四方。

## （四）石佛寺

在乌镇西栅放生桥南，昭明书馆遗迹以西，原来有一座古寺，名石佛寺，又名福田寺。寺中供有三尊石佛，每尊石佛一丈六尺多高，用大理石精雕细琢而成，镌凿工巧、造型生动，堪称石雕艺术佳品。古人来此游览，曾留诗赞曰："鼎立同根丈六躯，矻山工匠世应无；不知他日飞来意，较比鸿毛重几铢。"

这寺中的石佛从何而来？游人当然"不知他日飞来意"。但乌镇民间却有一个人尽皆知的关于这几尊石佛来历的传说。

相传，玉皇大帝因人称"上有天堂，下有苏杭"，便欲前往，并决定在这两处各建行宫一座，以便游玩作乐。于是，他派出四位石佛前往，进行实地察看。石佛不惧万物，但若为人揭出其底细，就会就地变回石佛，无法行动。

这一日，四位石佛变为四个凡人，乘坐一只从杭州开往苏州的烧香船欲赶赴苏州。上船时，船夫便发现船比平日吃水要多，以为是乘客所带行李较往日为多，是以不以为意。

当船摇到乌镇这个地方的时候，四位石佛从船舱里往外一望，只见这里溪塘交叉、绿树成行、桃红柳绿、风光秀丽。四位石佛以为苏州到了，打算先派一位上岸去看看。船到乌镇西栅日晖桥边，一位石佛对摇船的说："船老大，我要上岸小解，请行个方便，在此停靠片刻。"船夫一口答应，立即扳艄靠船，撑篙搭跳，让客人上岸。

谁知这个客人刚一跨上岸，船上的人只觉得船身如释重负，徒然向上一升，浮高了几寸。船夫惊奇地说："这位乘客真重，好像个石菩萨。"船夫话音刚落，岸上那位客人就像中了定身法一样，立在那里一动也不动了。留在船上的那三位，见上岸的石佛真相已被船家点穿，忙推说要去拜访朋友，也急忙离船登岸，匆匆往南而去。这时烧香船更是浮高了一大截。船上的香客纷纷猜测，说这四个人莫非是石菩萨，话未说完，却见另外三个果然变成石佛立在放生桥附近。

消息传开后，人们都认为佛落之地即为仙地，风水好，可镇邪灵，为了保住这块仙地，就在日晖桥堍给先上岸的那位石佛建了一座小庙堂，又在放生桥南面，给三尊石佛造了座大寺庙，取名"石佛寺"，还在寺内挂了一块匾额，上面写着"水上浮来"四个大字。

从此之后，每年春天香市季节，都有不少善男信女到寺内顶礼膜拜，特别是从杭州烧香回来的那些苏州、常州香客们，路过乌镇时，总要靠船上岸，到石佛寺去烧"回头香"，据说是为了向几位石佛致歉。

可惜，这座古寺连同里面的三尊石佛，在动乱中尽遭毁灭，茅盾先生得知石佛寺等乌镇古迹被毁的情况后，曾在给故乡的一首词中写道："往昔风流嗟式微，历史经验记取。"表达了对遭毁古迹的痛惜之情。

### （五）访卢阁

传说在很早以前，乌镇有一个叫卢同的人，家中贫困，与妻子开一家小茶馆，勉强糊口度日。

这一年，又到了采茶季节，卢同听人说太湖边山岗上有很多茶叶树，茶叶质量非常好，且可以任人采摘，于是与妻子商议，决定前去采摘，以节省

中国古城镇

每年买茶叶的开支，希望日子能过得好一点。

卢同不懂采茶，来到太湖边的茶山上，看着满山茶叶，却不知从何下手，心中焦急，正欲找人请教，却见在山间小路旁边，一白发银须的老人身背一只装满茶叶的篓子，晕倒在地。

他急忙走上前去，见还有微微气息，赶忙扶起老人，手掐人中，一边大声呼喊。过了一会儿，老人才能勉强微睁双眼，有气无力地将手伸向那只竹篓，做了一个抓的手势，又向嘴里指指。卢同会意，连忙从竹篓里抓起了一把叶子，一张一张地塞进老人的嘴里。老人吃完后，没过一袋烟的工夫，便清醒了过来。

原来老人姓陆名羽，也是来采茶的。他自幼便精于采茶，立志学神龙尝百草，欲知天下众茶，所见所闻的茶叶品种数不胜数。且精于制茶，在遍尝各种茶叶后，研制出了很多种茶叶，如清心茶、舒气茶、解毒茶等等，都依其功效和特性命名。今天之所以晕倒，是因为他误尝一种有毒的茶叶，幸得卢同救起，否则性命堪虞。

陆羽得知卢同家中开设茶馆，为减少支出来此采茶，又感其救命之恩，便教了卢同不少关于茶叶的知识，并常带他到附近山岗上采摘上等茶叶，二人就此成了知交。

半年之后，陆羽带了不少亲手采摘的好茶叶，来拜访卢同。二人相见，相谈甚欢，临行时，陆羽将带来的清心茶全部送给了卢同。

卢同以此清心茶泡茶待客，茶客们喝了这种茶，感到心里特别舒畅。喝醉酒的人一喝这种茶，马上酒醒脑清；胸中郁闷的人一喝这种茶，顿时舒气开怀。一传十，十传百。大家都知道卢同茶馆里有奇茶，纷纷慕名而来，品尝奇茶。这样，卢同家的茶馆生意越来越好，茶馆也就愈开愈大。卢同为了纪念陆羽的来访，就将自己的茶馆取名"访卢阁"。

这个传说也印证了佛家的一个道理：有因必有果，善有善报。

### （六）乌镇水阁的由来

和许多江南水乡的小镇一样，乌镇的街道、民居都是沿溪、沿河而建，正所谓"人家尽枕河"。而它与众不同的是，沿河的民居大多有一部分延伸至河面，下面用木桩或石柱打在河床中，上架横梁，搁上木板，人称"水阁"，乌镇居民就在这水面上的房屋里，伴水而生，枕水而眠。

话说乌镇原本也是没有水阁的。它的由来，需从一场官司说起。

很久很久以前，乌镇南栅浮澜桥附近靠下岸河边有一家豆腐店。这店只有一间门面，开间又小，放下一副磨豆腐的石磨子和一只浸黄豆的七石缸后，店里就转不过身来，更别说招待客人了。豆腐店老板准备将店面扩大一点，但是，前面是大街，伸展不出去，左右是别家的店堂，也扩张不开来。思来想去，毫无办法。

一日，他从自家店后的窗中向后望去，甚是空旷，便来了灵感：我何不往后发展呢？于是，他就在店后的河床上打了几根木桩，架上横梁，梁上钉几块板，盖起一个小阁楼，把浸黄豆的七石缸和一些零碎东西都移放到那里。店堂间就顿时宽舒了许多。

正所谓祸福相依，店老板的好心情还没享受几天，镇上的巡检官就差人来查问了，并告诉他说："这是官河！官府早已通告，不准私占河面，限你三天之内拆除，不然就送官查办！"

一听说送官查办，豆腐店倌慌了神，不知如何是好。正想要拆掉算了，以免除官司，却见本街常来店时买豆腐的穷秀才又到店里来了。秀才为人耿直，又与豆腐店老板有些交情，见他欲拆阁楼，问及缘由，心中愤愤不平，心生一计，便吩咐豆腐店倌说："你不要怕，去跟官府说理。我替你写张纸条，官府如来传你过堂，你就说你没有罪，并将这张纸条递给他看。"

三天后，差人复来巡查，见豆腐店倌的水阁还没有拆掉，就传他去见巡检老爷。

巡检老爷开始审问，问道："你私占官河，阻碍交通，船只难行，该当何罪？"

豆腐店倌答道："小人没有罪，不信请老爷查看。"说着，就将张秀才写好的那张纸头呈了上去。

巡检老爷接过纸头一看，顿时眉头打结，哑口无言。只好判豆腐店倌无罪，放他回去。

那巡检老爷为何放了豆腐店倌呢？原来当时乌镇市河比较狭窄，只能通过两只船，为此，县衙曾出过通告，禁止占用官河。但豆腐店倌所在的乌镇南栅浮澜桥附近的市河，比其他地方要宽阔，可容五六只船并行，即使搭出一些水阁，也不会碍事。但是在北花桥附近，巡检老爷为了停靠官船，筑起了很宽的石帮岸，使本来就狭窄的河面仅容一只船通过。张秀才在纸上写的是："民占官河，五船并行；官占官河，两船难行。谁碍交通？老爷自明。"巡检老爷一看，自知理亏，心想如果硬给豆腐倌治罪，闹到县衙里去，自己也没好处，所以只好判豆腐倌无罪。

榜样的力量是无穷的，从此，河面上的"水阁"慢慢多起来了，成为独特的乌镇美景。

碧水蜿蜒，小桥流影，橹声欸乃中看水阁画卷般在眼前徐徐展开，看水乡人在水阁中起居住行，听古镇人乡音叫唤此起彼伏，乌镇的水阁正以它独特的韵味受到越来越多的人喜爱。

## （七）夏同善洗冤

1873年，浙江发生了著名的"杨乃武与小白菜"案，杨乃武与"小白菜"葛秀姑被冤下狱。第二年，杨乃武的妻子和姐姐赴京城刑部告状，夏同善会同28名官员联名奏请交刑部复审，获慈禧太后批准。翻案的过程却仍很艰辛，历时两年，冤案方得真相大白，涉案的数十名贪官被革职查办，大快人心。

因夏同善是此案终审的主审，在整个翻案过程中甚为关键，一时威名远播。

却道那小白菜葛秀姑原在牢狱中许下心愿，若是他日得救，便要侍奉于恩人左右，直至终老。夏同善在案中倾尽全力，小白菜报恩之心甚是坚定。可皇帝有旨，葛秀姑须出家了却余生，若是抗旨，不仅自己性命堪忧，而且还会连累自己的恩人。

正为难时，恰裕亲王因闻得小白菜乃一奇女子，竟让大清数十名官员丢了顶戴，要召见她，于是小白菜恳求裕亲王帮忙。裕亲王感其情真，又因知夏同善常居于乌镇翰林第，便让小白菜以侍候夏同善母亲为名，赴乌镇翰林第，侍奉夏同善三个月，三个月后，再出家了却余生。

因此事关系重大，若然透露，即随时可能有杀身之祸，因此小白菜三个月间都是不见天日的往来，据说，乌镇东栅翰林第有一间没有窗户的房子，后门连着长廊，就是为小白菜"不见天日"地来去而修建的。

# 五、乌镇特色

## （一）布局特色

乌镇是典型的江南水乡古镇，它完整地保存着晚清至民国时期水乡古镇的风貌和格局。全镇以河成街，众多的古桥将全镇串在了一起，更有房屋伸入水面，似飘浮于水上，与水融为一体。水阁、桥梁、石板巷，是镇上最典型的独具江南韵味的建筑元素，它们散落在全镇的每一个角落，也处处体现了江南古典民居的柔与美，带给人们无穷的魅力。

### 1.总体格局

乌镇历史上曾地跨两省（浙江、江苏）、三府（嘉兴、湖州、苏州）、七县（乌程、归安、崇德、桐乡、秀水、吴江、震泽），吴越特色的文化气息非常浓厚，在建筑上，深受传统儒家文化和运河商业文化的影响。

因其多水，镇中河流众多，家家临水，户户有船，密密麻麻的河网在乌镇内便与主干道重合，连桥成路，流水行船，成为了一种独特的亦路亦水的布局形式。对内，它连接着乌镇的池塘、水井，通到镇子里的每家每户，向外伸展开来，它又联结京杭运河、太湖等重要船运渠道。同时，它还理想地解决了农作、饮用、排水、观赏等相关问题。

儒家文化在建筑中不讲究风水，却对等级尊卑分得很明显。乌镇受儒家的影响，风水学中的斜门左道、屏墙、照壁以及"泰山石敢当"一类的符镇基本上见不到，建筑多轴线明确、卑尊有序。

乌镇还有部分建筑商业气息相当浓厚，如访庐阁茶馆、高公生糟坊、宏源泰染坊、汇源典当行等等，虽然不算多，但分布于其中，却也显得很是突兀。

### 2.水阁

茅盾曾在《大地山河》中这样描述故乡："……人家的后门外就是河，站在后门口（那就是水阁的门），可以用吊桶打水，午夜梦回，可以听得橹

声乃，飘然而过……"

来到茅盾的故乡乌镇，最让人印象深刻的，就是它的水阁。

沿河的居民们，或以石柱，或用木桩，打入河床中，在上面架横梁，建阁楼，便是水阁。总说江南水乡"人家尽枕河"，初时无法想象，在乌镇，却是再形象不过了，住在水阁里的人们，不仅仅是"枕河"，整个人都是在水面上的。晚上，躺在温暖的床上，而房子底下是那温柔的流水，让人睡得格外香甜。

传说水阁是由一位豆腐倌的违章建筑而来，时光流逝，人们却越来越多感受到了它的实用和所带来的独特的享受。它虽没有大楼的奢华，却因为它，乌镇有了更多的灵气和韵味，似是一名优雅的女孩盈盈戏水；有了它，乌镇的人便真正和水融在了一起，不可分离。

碧水蜿蜒，小桥流影，在橹声欸乃中，乌镇人民在如诗如画的水阁里开始了又一天美好的生活，那种悠然，那份淡雅，似是将人带到了世外桃源。

3. 小桥流水

水和桥是一对孪生姐妹，形影不离。乌镇水多，桥便也成了这里不可或缺的元素。

据说乌镇历史上曾有"百步一桥"之称，最多时达一百二十座之多。到了现在，也还保存了三十多座。其中西栅有通济桥、仁济桥，中市及东栅有应家桥、太平桥、仁寿桥、永安桥、逢源双桥；南栅有福兴桥和浮澜桥；北栅有梯云桥和利济桥等等。

这些桥最早的建于南宋，大部分建于明清，时代久远，且风格各异，更有些桥以其精辟的桥联带给人们艺术的享受，如通济桥就有幅很有意思的桥联："寒树烟中，尽乌戍六朝旧地；夕阳帆外，是吴兴几点远山。""通云门开，数万家西环浙水；题桥人至，三千里北望燕京。"

4. 石板小巷

古老的东西总是能带给人和谐与宁静。漫步在乌镇的小巷里，脚下是那被岁月打磨得发亮的青石板，欣赏着巷子两边古老的民居，别有一番风味。

石板小巷在乌镇随处可见，有人说"如果你爱她，就带她去乌镇"，这不是

乌

镇

没有道理的，试想，天生喜欢浪漫的女人，若是你在一个飘着细雨的早晨，撑一把古式的雨伞，带着她漫步在这美丽悠长的石板小巷，一切都是那么的亲切，那么的自然，脚下的石板带给她永世不变的承诺，谁还能拒绝你的爱？

### （二）特色手工艺品

#### 1. 蓝印花布

俗称"石灰拷花布""拷花蓝布"，是我国传统的民间工艺精品。它用棉线纺织、黄豆粉刮浆、蓝草汁印花，纯粹以手工织染。在以前，它是家境不算太好的人们的最爱，造价低廉，却典雅美丽。现在，它依然为众多的人们所喜爱，人们用它来做成衣、三角头巾、茶杯垫、折扇、桌布、门帘、雨伞、手机袋、钱包、背包、各式象形挂件等，具有鲜明的民间和民族特色。

#### 2. 木雕竹刻

也许是水给乌镇人们带来了灵气，这里的手工艺十分发达，日常竹木用品到工艺品无不体现乌镇人的聪慧灵巧，给人以美的感受。

这里的手工艺品以木雕、根雕、竹刻为主，浑然天成，朴素却又别具匠心。

竹刻以留青和浅刻为主，少有圆雕和高浮雕。刀法简朴，崇尚天然。题材有画本、小像、名家书画、蔬菜果品、金石文字等等，多雕刻在扇骨、臂搁和笔筒上。

#### 3. 乌锦

益大丝号是乌镇丝绸著名老字号，创始人叫沈永昌，有一个儿子名叫沈学文。

经营到了19世纪20年代，由于时局动荡，丝号的生意逐渐失去了市场竞争力，特别是传统的木机绵绸更是滞销严重。这时，沈学文继承父业，为让丝

号摆脱窘境，经多方考察后决定用织锦产品代替传统产品。1923年，他选拔十余位学徒分赴杭州、苏州、南京等地学习织锦技术，然后经反复试制，装造出有近两千个部件、一百多道工序的织锦花楼机。

大花楼机织造工艺极为繁复，一天仅能织

5-6厘米，从绘制意匠图到织出成品，耗时达百天有余。

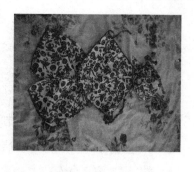

沈学文命人精选最好的天然蚕丝为原料，将中国传统的织锦工艺和本地传统特色的提花丝织锦工艺融合在一起，以大花楼机进行织造，有的织品还杂有纯金线，织成的锦质地坚实、雍容华贵，它就是人们所称的"乌锦"。

这种锦质地与做工都极佳，因而价格极贵，人称"寸锦寸金"。

4. 丝绵

地处蚕桑之乡、丝绸之府中心的乌镇，产出的丝绵质地坚柔，无块、无筋、无杂质，色泽洁白，薄如蝉翼。

丝绵的原料一般选用蛾口茧和同功茧，均为传统的手工制作。制作丝绵时，首先将蚕茧煮熟后泡于清水之中，然后取出茧中的蚕蛹，把茧壳剥开扩松，绷套在拳头上。等绷到五六层后，扩成袋形，套在一只特制的半圆形的竹弓上，洗干净后取下，用线串挂起来晾晒，晒干后就成一只只洁白如玉、如弓形的绵兜。把绵兜扯成薄薄的一层，就是丝绵了。

当地人称丝绵为"大环绵"或"手绵"，它轻薄、保暖、透气，而且绝对纯天然，具有现代"太空棉"一类的产品不能比拟的特性，深受人们喜爱。

5. 布鞋

"人老先老足"，中国人非常注重对足部的保养。而布鞋以其对脚超强的适应性、舒适性和透气性，在中国的历史上存在了数千年。

乌镇布鞋还保留着纯手工制作的优良传统，"千层底"用料实在，手工精湛，而且透气性非常好，穿着它，忆起童年时老奶奶们纳鞋底的情景，悠然穿越乌镇这美丽的水乡，别提有多惬意了！

6. 篦梳

篦梳贵在天然，具有一定的保健功效。

乌镇竹、木、羊角、牛角等物产丰富，所产自然也都是上等。篦梳经匠人们选料、开模、整型、刨光之后，每一把都透着一种令人赏心悦目的艺术，旅游回家时，带上两把，自用送人两相宜。

7. 湖笔

历史上，乌镇曾隶属湖州府，因此，乌镇人尽得湖笔制作工艺之精髓。

湖笔采用山羊、黄鼠狼、山兔等兽毛为原料，经七十多道手工制作而成，具有尖、齐、圆、健四大特色，书写绘画皆得心应手，深得爱好古典艺术的文人墨客们喜爱。

### 8. 生铁锅

铁匠沈济深谙冶道，所制冶品美观且耐用。1866年，沈济在乌镇开了一家冶坊，也是浙西唯一的一家冶坊，开启了乌镇冶业的历史。

沈家精湛的冶炼技术一直保留至今，亦昌冶坊的工匠们依然在选用优质的纯生铁，使用着沈济所流传下来的繁复的冶炼浇铸工艺，但使用的设备较那时已不可同日而语，煤炭旺火变成了电炉熔铁，风箱扇火换成了鼓风机助燃，使得所产出的生铁锅质量较古法所冶的铁锅更有保障。

纯生铁锅的价值不仅在于其质量，更因为它富含易被人体吸收的铁元素，能减少蔬菜烹饪中维生素损失。它虽然比现在的铝锅、不锈钢锅较为笨重，但却为世界卫生组织的专家们所大力推荐。而在很多中国人的眼里，一直都认为生铁锅炒的菜特别香，煮的肉也更入味。

中国古城镇

## （三）特色美食

### 1. 红烧羊肉

羊肉所含蛋白质远比猪肉多，性甘温，可调经补肾，有益气补虚、温中暖下、开胃健力之功效，常吃者能容颜丰满、肌肤润泽，民间有"一冬羊肉，赛过几斤人参"的说法。

乌镇的红烧羊肉以当年的"花窠羊"即青年湖羊肉为原料，它肉质鲜嫩，脂肪含量少，细滑而多膏，再以萝卜、酱油、黄酒、红枣、冰糖、老姜等为作料，用土灶木柴大锅，先用大火、后用文火，经一整晚烧制而成，火候甚是难以掌握，使得它更显珍贵。

吃羊肉的最好时间是在秋季。每到这时，乌镇的大街小巷中卖羊肉者随处可见，各家羊肉铺里更是坐满了慕名而来的食客。

### 2. 白水鱼

白水鱼是乌镇的一种野生鱼，它生长在没有

污染的河流中，肉质细嫩，味极鲜美，是淡水鱼中的珍品。

过去，乌镇临近水域盛产此鱼，但随着环境的变化和捕捞者的增多，近年来数量越来越少。白水鱼捕捞出水后极难存活，大多出水即死，所以如果遇到哪家店里有活的白水鱼，千万不要错过，活杀清蒸的白水鱼，鲜嫩可无出其右。不过，若保存得法，死了的白水鱼味道也不会变。把它红烧或是用剁椒烹饪，甚至将白水鱼轻盐暴腌后再蒸，也都是难得佳肴。

凡事都有两面，白水鱼虽鲜嫩可口，但刺却很多，所以，吃的时候却要分外小心。

3. 槜李

古今稀有的珍果——槜李，是桐乡一带的传统名果，乌镇也盛产此果。

槜李果体型硕大，色泽鲜艳，内核很小，肉多汁美，风味独特，加上它营养丰富，在古时曾是献给帝王的"贡果"，更是历代文人雅士争相赞美的对象。在乌镇，槜李还留下了许多美丽的传说和诗篇。

4. 手工酱

酱油以天然的方法发酵、酿制而成，是现代必不可少的作料。中国已有两二千多年的制酱史，是酱油生产起源最早的国家。与其他地方的制酱史相比，乌镇的制酱史并不算长，但其以品质历经百余年始终如一而闻名。清咸丰九年（1859 年），乌镇人陶叙昌创立了以自己名字为号的叙昌酱园，是乌镇最早的酱园。

叙昌酱园前店后坊，自产自销，主要产品有陶叙昌牌豆瓣酱、酱油、酱菜等，所产酱品采用优质黄豆、蚕豆、小麦为原料，以竹匾制曲，经过长达半年的自然晒露、发酵，以古法酿制而成，酱香浓郁，是纯天然绿色食品。

5. 三白酒

据《乌青镇志》记载，三白酒"以白米、白面、白水成之，故有是名"。

三白酒是乌镇独有的美酒，以天然原料纯手工酿制，以其香气浓郁、酒味醇厚、入口绵甜、回味爽净、余香不绝而风靡江南数百年。最常见的是 55 度三白酒，同时，12 度的白糯米酒和 4 度的甜白酒也独具特色，且老少皆宜。

乌

镇

## 6. 姑嫂饼

姑嫂饼是乌镇的传统名点，距今已有一百多年的历史。

姑嫂饼的形状酷似棋子饼，但比棋子饼略大。配料为面粉、白糖、芝麻、猪油等，跟酥糖相似，但却比酥糖更可口，具有油而不腻、酥而不散、既香又糯、甜中带咸的特点。

关于姑嫂饼的由来，有一个很有趣味的故事。

据说在一百多年前，乌镇有一家名叫"方天顺"的夫妻茶食店，所产茶食为其世代相传的手艺，特别是他们的酥糖，配方独特，制作精心，味道奇佳，深受乡民们喜爱。

为了让这一手艺和配方不致外传，方家制定了关键手艺和配方传媳不传女的家规。方家的这一规矩虽让做女儿的很是不满，但也没有办法，就这样传承了许多代。也不知传到了第几代，方家生有一男一女，兄妹二人感情甚好。可做哥哥的已经娶了媳妇，妹妹却尚未出嫁，老父亲也依照祖宗定下的规矩，将手艺传给了儿媳，女儿却不能知晓。姑嫂二人又本就不甚相和，时间长了，那小姑子便生出嫉恨之心，想要杀杀嫂子的威风。

一天，姑嫂二人如往常一般在做酥糖，嫂子负责配料，小姑子负责打下手。嫂子刚配好料，便感内急，去了茅房，小姑子便顺手将一包盐洒进了盛放作料的粉缸，搅拌均匀，使之不至于被发现，指望着第二天看嫂子出丑。

到了第二天，全家人照常天一亮就早起开张，方家人习惯了顾客赞自己的茶食香甜，可这一天客人们却一致大赞"椒盐的味道好极了！"方家人一时摸不着头脑。

次日，竟有不少人来买椒盐酥糖，方某夫妇却不知如何应对，只得解释说今天没做，要顾客改日再来买。这天下午，方家一早就打烊，关起门来查找原因，却百思不得其解，只得满腹忧郁，开始制作第二天的酥糖。

妹妹见哥哥忧心，心中不忍，便将父母兄嫂叫了过来，说明了事情的原委，请求原谅。方某听后大喜，连忙扶起女儿，连夜改进配方，并制作模子定形，次日应市，举镇轰动。

方家为了让世人记住饼的由来，便给它取了个意味深长的名字——姑嫂饼。

### 7. 定胜糕

定胜糕呈荷花状，外层是细而均匀的精制香米和糯米粉，中以豆沙为馅，混有少量白糖和桂花，味道香糯可口，甜而不腻。

定胜糕因战争而来，传说乌镇人民为了迎接凯旋的将士，特意制作了这种颜色绯红的点心，以庆祝胜利，纪念那些血洒疆场的烈士们。

后来，战争结束了，定胜糕却因其味美而传承了下来，只是其中的含义有了变化，深受儒家文化影响的乌镇人，在送读书人赴考时，都要做几笼香甜柔软的定胜糕送行，以表达金榜题名的良好祝愿。

### 8. 熏豆茶

又名烘豆茶，用薰豆辅以桂花、炒芝麻、橙皮、萝卜丝、苏子、炒柏子等精制而成，故乌镇人有"吃茶"的说法。

薰豆茶香气馥郁，且具有滋补功能，因此，乌镇人每逢有客人来访，便要准备薰豆茶，请客人"吃茶"，以示热情和尊敬。

### 9. 三珍酱鸡

乌镇酱鸡选用本地农民当年放养的土雌鸡作原料，整只原汁浸烧，经过三次出汤；再放入上等酱油、黄酒、白糖和香料等作料焖烧，出锅后涂上麻油。

此酱鸡外观酱红油亮，入口脆嫩鲜美，让人回味无穷，但制作的每一个环节都需要严格把关，火候必须拿捏得十分准确，否则很容易做坏。

成品酱鸡因经原汁原汤反复烧制，体内已基本没有水分，"六月不馊，腊月不冻"，很容易保存，适合旅游回家时带给亲友品尝。

### 10. 杭白菊

杭白菊又名甘菊，是我国传统的药用植物，是浙江省八大名药材"浙八味"之一。

经实践证明，杭白菊具有止痢、消炎、明目、降压、降脂、强身的作用，可用于治疗湿热黄疸、胃痛食少、水肿尿少等病症。同时，用菊花泡水洗浴，还能止痱去痒、护肤美容。

"杭白菊"以杭州为名，但并不盛产于杭州，而是桐乡市杭白菊的产量占全国总产量的90%以上，1999年5月，桐乡市被国家农业部命名为"中国杭白菊之乡"，享有"杭白贡菊与龙井名茶"并提的荣耀。

乌镇产的杭白菊花瓣洁白如玉，花蕊金黄，花朵肉厚，气味香浓而幽雅，味甘而醇郁。近年来，杭白菊的制作工艺已经由传统的灶蒸日晒发展为微波干燥，真空包装，使它的品质更有了进一步的提升，而产品也更加丰富，现在已经开发出来的杭白菊系列产品有菊花白酒、菊花晶、菊花茶等等。

11.乌镇臭豆干

臭豆干全国都有，但乌镇的臭豆干却别具风味。它是用上好的豆干以传统老卤泡制二十多个小时而成，无化学制剂，香得纯正，无任何异味。

可以说，乌镇臭豆干纯粹是因为它的老卤。传统老卤得来不易，老卤要保存数年才能成为上品，每年都要往里面添加菜梗、笋根等，为了防止变质，还不时用烧得通红的铁钳放入卤中杀菌，保存过程中，只要稍有不慎，整缸老卤就会毁于一旦。

臭豆干用菜油炸过之后，串在竹签上，再抹上豆瓣辣酱，闻起来让人掩鼻欲走，吃起来却香气四溢，让人爱不释口。

（四）**特色表演**

1.皮影戏

皮影戏是我国一项传统的民间艺术，俗称"纸人头戏""土电影"，又称"羊皮戏""手影戏"，是一种将羊皮或牛皮制作成人物、动物造型的活动剪纸。

表演时，在影幕后置一强烈的灯光，由表演者用竹棍将活动剪纸紧贴在白色影幕上操纵，通过表演者娴熟的技艺，向观众展示各色剧目和形象，是中国特有的卡通片。

皮影戏原创于北方，宋室南迁时，大批北方艺人随迁南下，将皮影戏带到了浙江一带。于是北方的传统技艺与南方的特色文化相结合，产生了南方特色的皮影戏。

乌镇的皮影戏已有八百多年的历史，直到抗战前后，乌镇还有十二个皮影戏班子，四处走乡串镇，演出众多节目。看皮影戏是当地人们的主要消遣活动之一。

中国古城镇

随着各种现代娱乐形式的出现，皮影戏已不如过去那般具有吸引力了，如今，只剩下乌镇皮影戏馆还在天天演出。其独特的民族特色和艺术魅力仍然吸引着众多的观众。

### 2. 三跳

"三跳"因艺人表演时所用道具为三段毛竹板，即俗称的"三跳板"而得名，是长期流行于乌镇临近一带农村的以说唱古今通俗小说为主体的叙事性曲艺形式，又称"农民书""劝书"。

"三跳"起源于隋朝，但直至晚清方传入乌镇，也有一说是民国初年由三跳艺人收一乌镇人为徒弟后传授而传入。"三跳"在乌镇的时间虽并不悠久，但它以其在乌镇广泛流传而成为乌镇特色之一。

### 3. 花鼓戏

花鼓戏属地方小戏，又名"挑香担"。

花鼓戏因其题材多来源于农村现实生活，剧情简洁明快，曲调活泼流畅，加上又是用当地方言演唱，具有浓郁的地方特色，深受当地人民喜爱。

乌镇花鼓戏传统的剧目有《还披风》《庵堂相会》《卖草囤》《秋香送茶》、《红玉》、《乌镇北栅头》《陆雅臣卖妻》《尼姑庵里卖草药》《磨豆腐》等，大多以当地的传闻旧事为原型改编而成，从中反映出人们的信仰善恶观。

## （五）民风民俗

### 1. 贺岁拜年

农历腊月三十叫大年夜，学名叫除夕。这一天，乌镇人们和全国其他地方的人们一样，都要全家人聚在一起吃年夜饭，长辈们给小孩子红包，称为"压岁钱"。不同的是，乌镇的小辈们要在这天晚上给长辈们送鞋子，以辞旧岁，还要进行拜利事、接灶神等活动。

大年初一，家家户户都赶早起来穿戴整齐，烧香放炮，先接天神，次拜祖宗然后到父母、爷爷奶奶家去拜年，但这一天绝不能拜访其他亲戚或是看望朋友。

初二，乌镇人都开始去亲友家中拜年，亲戚拜年还讲究长幼顺序，需由小的先到大的家里，然后大的才能去小的家。如此互访，直到元宵。

2. 接五路

接五路，本指接五路行神，后来演变成接五路财神。

旧时乌镇商家春节后都是初五开市，本应在开市时接五路财神，但大家求财心切，希望能来个半路拦截，早早将财神请进家门，便提前到初四晚上进行，更有甚者，初四早上就开始接财神了。后经长辈们商量，为求公平，初四早上不允许接，但设在初四晚上，已经比其他地方早了。

接财神一般持续到晚上九十点钟。共设三桌半供品，头桌为是果品如广橘、甘蔗，寓意财路广阔，生活甜蜜；二桌是糕点，寓意高升、常青；三桌为正席，供全猪、全鸡、全鱼，并元宝汤等，须等接上五路财神后方可奉上；半桌是饭、面、菜，一碗路头饭中插一根大葱，葱管内插一株千年红，寓意兴冲冲、年年红。

接五路须主人带上香烛分别到东、西、南、北、中五个方向的财神堂去请接，每接来一路财神，就在门前燃放一串百子炮。全部接完后，向财神礼拜，拜后将原供桌上的马幛火化，表示恭送财神。

3. 元宵走桥

农历正月十五为元宵节，乌镇人叫它"正月半"。这一天，全国各地人们都依据自己地方的习俗进行各种庆祝活动，乌镇人的庆祝活动就是"走桥"。

"走桥"起源于旧时普遍流行的一种以妇女为主体的避灾禳解活动，称为"走十桥"或"去百病"。元宵节当晚，乌镇人都要在镇子里出游，途中路线不可重复，且至少要过十座桥，由穿着盛装的妇女们各带一只平时煎药的瓦罐，过桥时将瓦罐丢入河中，以求新年无病无灾。

到现在，出于环保，已经不再丢药罐了，而游乐和祈福活动依然保存。

4. 清明踏青、香市

清明是中国传统的二十四节气之一，也称"寒食节"。这一天，全国各地人们都要祭祖扫墓，乌镇也不例外。具有乌镇特色的，是它保留的许多与养蚕相关的习俗。

清明前一天的晚上，人们都要做青团、裹粽子，祭"禳白虎"，家家户户在门口用石灰画弓箭，祈求蚕桑丰收。

这天晚上，人们还要煮螺蛳，用针挑出螺肉来吃，称之为"挑青"。

当日，乌镇西南 20 公里处的含山有个"轧蚕花"的庙会，标志着"香市"的开始。赶香市的主要是农民，这段时间里，经商的小贩、烧香的香客、表演杂技的戏班、各地赶来看热闹的游客数不胜数，热闹非凡。妇女们还有一个特殊的任务，就是到乌将军庙前的上智潭中"汰蚕花手"，烧香祈蚕。人们游春的同时，也会卖一些自家的农副产品和手工艺品。

"香市"被茅盾先生称之为乌镇人们的"狂欢节"。

### 5. 立夏称人、尝新

传说三国时，刘备之子阿斗被孙夫人带去东吴抚养，刘备的手下担心孙夫人亏待阿斗，甚不乐意。孙夫人见状，便当众拿秤称了阿斗的体重，并许诺好好抚养，此后每年一称，并向刘备的承相诸葛亮汇报，以示真心。

称人这天，正是二十四节气之一的立夏日，百姓见阿斗被称，以为这天是吉日，可以祈福，便将自家的小孩也在立夏日过称。后来，这一习俗流传下来，就成了"立夏称人"。

乌镇人在这一天要品尝蚕豆、咸蛋、青梅、樱桃等新出产的果蔬，叫做"尝新"，并用麦芽、"草头"为原料，制作"立夏饼"，用来送给亲朋好友。

小孩子们则成群结队，提竹筒，摘蚕豆，化咸肉，用百家之米，在野外临时搭灶，用柴火煮熟吃完，据说吃了不会疰夏。

### 6. 端午吃粽

农历五月初五为端午节，相传是为纪念我国伟大的爱国诗人屈原而设的节日。传说屈原在这一天投江自尽，人们无法找到他的尸体，便将糯米用粽叶包裹，蒸熟后投入江中，以求江里的鱼不要吃掉屈原，留得全尸。

同时，定"重五"为"毒气横溢，鬼魅活跃"的"恶日"，并挂钟馗图、贴天师符，门悬艾蒿、菖蒲、桃枝、大蒜以避邪，吃黄鱼、喝雄黄酒，孩童穿戴虎形服装，妇女们身上戴雄黄佩饰，正午时用苍术、白芷、鳖甲、芸香"打蚊

乌镇

"烟",房屋四周喷雄黄酒、撒生石灰水驱虫,以此表达对害死屈原的恶势力的痛恨。

现在,人们避邪的习俗依然存在,粽子也还照样在包,只是不再将它投入江中,而是送给自己的亲友品尝。

### 7. 分龙彩雨

传说司雨的龙王们都要在农历五月二十五日到各自管辖的区域去布雨,所以,这一天被称为"分龙日",亦称"分龙节"。

现在,分龙节成了公益性消防组织——水龙会举行消防大演习的日子。这一天,各地的水龙会全副武装,来到镇中心空旷的河边,事先在水龙、水桶中放进各色颜料,在锣鼓声中,喷出五颜六色的水龙,甚是壮观。周围群众则呐喊助兴,结束时,评出出水最快、射程最远的水龙会,颁发优胜奖。

### 8. 天贶晒虫

乌镇句有谚语:"六月六,晒得鸭蛋熟"。农历六月初六,时值盛夏,烈日炎炎,正是晒虫防霉的好时候。

宋真宗赵桓精心编造了一段梦话,称六月初六为"天贶节",后人觉得乏味,便把原本定在七月初七的"曝书日"移了上来。

这一天,读书人家晒书籍,寺庙僧尼晒经卷,普通百姓晒衣物,牵猫狗到河里洗澡防虱,晒热水给孩子们洗澡,妇女洗头,意为晒死虱虫,求身体健康安泰。

乌镇人在这一天还家家户户吃馄饨,其由为可能和这一天的混浴有关。

### 9. 中元河灯

农历七月十五是中元节,俗称"七月半""鬼节"。这一天,道观要作斋醮荐福,佛寺则举行"盂兰盆会",百姓家中则祭祀祖先。

自南宋起,乌镇人们在这天晚上以篾编纸糊成各式灯笼或纸船,放进点燃的蜡烛或灯草油,放入河中,任其随波而去,即为"河灯",佛教称其为"慈航普渡",道教称其为"照冥引路"。到了现代,人们只将其作为一种娱乐形式保存了下来。

### 10. 中秋赏月

农历八月十五,时值秋季中间,是以称之为中秋节；又因此时月亮最圆最亮，古人以圆月为亲人团聚的象征，故又名"团圆节"。

中秋节晚上，乌镇人们在院子里摆上供桌，以月饼、瓜果、芋艿、菱藕、毛豆等敬神，案头供斗香，以线香托纸板粘合而成，上插各式彩旗，并缀月宫故事，制作精彩，供后在户外焚化，祈求丰收。同时，一家团聚，品尝月饼，喝茶聊天，其乐融融。

### 11. 重九登高

农历九月初九，因是日双九，称"重九节"；古人视九为极阳之数，因此亦称为"重阳节"；因是日多携亲友登高望远，亦称"登高节"；因是时菊花正茂，亦称"菊花节"。

相传重九节登高插茱萸始于"桓景避难"。东汉时汝南人桓景遵照师嘱，于重九日全家佩戴茱萸登上高山，得免大难，后人仿效，遂成习俗。至唐代，演变成游乐节目，亲友登山娱乐或是比赛，以强身健体，以御初寒。

乌镇周围没有高山，最高的就是塔，因此，这一天乌镇人都登塔祈福。这一天，乌镇人们用红豆和糯米制作"重阳糕"，在糕上插上小旗代表插茱萸，以"食糕"代替登高。形式虽然有异，但纪念意义和祈求的目的是一样的。

### 12. 冬至祀祖

冬至是二十四节气之一，又称"冬节""亚岁"。是传统大节，民间有"冬至大如年"之说。冬至前，乌镇人们家家户户磨粉搓"冬节圆子"，祭祀祖先，非常隆重。

冬至是冬天的开始，其后的九九八十一天是寒冬之期。旧有"九九消寒图"，相传始于明朝，图中画梅一枝，花八十一瓣，从冬至这天起，依照口诀，每天画一个花瓣，等全部画完了，春天也就来了，又可以开始新一轮的耕种。

### 13. 腊月小更

农历十二月俗称"腊月"，过去乌镇有腊月"支小更"的习俗。

乌镇的房屋基本上都是木质结构，并且挨得又近，冬天气候干燥，民间用火又多，容易失火，因此，需十分警惕。

进入腊月，每天黄昏时分，每条街坊都安排专人敲锣打梆，边敲打边高声呼喊："寒天腊月，火烛小心，前门关关，后门重重，柴间看看，灰堆垄垄，谨防贼盗，门户要紧。"全镇支小更的不下十人，直到除夕夜才结束。

乌镇

# 周　庄

　　唐风孑遗，宋水依依，烟雨江南，碧玉周庄。千年历史沧桑和浓郁吴地文化孕育的周庄，以其灵秀的水乡风貌、独特的人文景观、质朴的民俗风情，成为东方文化的瑰宝。周庄镇为泽国，因河成街，呈现一派古朴、明洁的幽静，是江南典型的"小桥、流水、人家"，虽历经900多年的沧桑，仍完整地保存着原有的水乡古镇的风貌和格局，宛如一颗镶嵌在淀山湖畔的明珠。

# 一、谈古说今话周庄

周庄地处太湖流域，旧名贞丰里，历史悠久。远在几千年前，这里就有人居住了。

在周庄北郊太师淀中发掘出土的良渚文化遗物证明了这一点。

良渚文化是我国长江下游太湖流域一支重要的古文明，属铜石并用文化，因发现于浙江余杭良渚镇而得名。经半个多世纪的考古调查和发掘，初步查明遗址分布于太湖地区，距今约 5250—4150 年。

良渚文化陶器以黑陶为特色，制作精美，有的甚至还涂着漆。良渚文化时期最先进的陶器制作方式是轮制，以鼎、豆、盘、双鼻壶、带流壶、带流杯、尊、簋为典型器。玉器非常发达，种类有珠、管、璧、璜、琮等。

太师淀在周庄镇北 1 公里处，方圆 7000 亩，烟波浩渺，湖水清澄。

1977 年春天，人们在实施围垦工程时，在湖东北角发现了三处新石器时代遗址，出土了一批遗物，包括石斧、石刀、石钺、石镞等石器，陶鼎、黑皮陶罐、镂孔陶豆等陶器，以及木井圈、动物骨骼等。此外，还有汉代釉陶残件，六朝早期瓷片，宋代汲水罐、井砖、影青瓷片和铜钱等。

木井圈是先民定居的实物资料，均用弧形木板围合而成。弧形木板是整块的，两边有方形小孔，通过小孔将其扎成圆形木圈。

太师淀出土的禽纹黑陶贯耳壶是陶器珍品，被定为国宝。

经鉴定，太师淀遗址属于良渚文化，距今 4000—5000 年，处于文明时代的前夕，人类社会正由渔猎向农耕转变。

这三处遗址说明宋代以前太师淀一直是人们世代聚居的村落，后来由于湖水冲刷，文化层逐渐卷入水中，得以保存至今。

太师淀原为陆地，是南宋大奸臣贾似道的田庄，后来被水淹没，形成湖泊。因贾似道官至太师，因此这片湖泊称"太师淀"。

周庄地处苏州东南，苏州是春秋时期吴国的都城。吴王曾将少子摇封在周庄，因此周庄古时曾称"摇城"。

一般而言，人们都最疼爱小儿子，这是人之常情。吴王也不例外，因此将其少子封在距都城仅几十里之遥的周庄。

吴王始封君是周文王的伯父，文王姓姬，因此吴王也姓姬。按现在的习惯，吴王少子摇应称姬摇。

北宋时，有个姓周的人，名字没有传下来。因其官封迪功郎，所以人们称他"周迪功郎"。周迪功郎为人豪爽，乐善好施，曾在贞丰里一带设庄，召人垦荒，遂使周庄成为一个大村落。

宋哲宗元祐元年(1086 年)，贞丰里逢天灾肆虐，粮食歉收。为了祈求风调雨顺、五谷丰登，周迪功郎与妻子章氏舍出宅子建了一座全福讲寺，并将庄田200 亩赠作寺田。百姓感其恩德，为了纪念他，将贞丰里称为"周庄"。

宋徽宗宣和七年（1125 年），金兵进攻北宋。宋徽宗退位，长子赵桓即位，史称宋钦宗，年号靖康。靖康元年（1126 年）正月，宋钦宗同意割让太原、中山、河间三镇给金人，后来又反悔了。靖康元年十二月，十几万金兵攻至汴京，宋钦宗向金国投降，北宋灭亡了。

靖康二年(1127 年)，宋钦宗、宋徽宗及后妃、皇子、公主等三千多人被俘，另俘皇室少女、妇女、宫女、官女、民女等共一万五千多人，押到金国。男人被罚为奴，女子除被将帅收为妻妾外，都被分到洗衣局做了浣女。

北宋灭亡时，中原百姓不甘心为奴为妓，纷纷逃往江南。

靖康二年（1127 年），金二十相公随宋高宗南渡后，定居周庄。从此，周庄人烟日益稠密，渐成一个大镇了。

元朝末年，周庄经济出现了繁荣景象，形成了南北市河两岸以富安桥为中心的商业大镇，周庄百姓也富了起来。这一切都与大富豪沈万三有关。

原来，吴兴（今浙江省湖州市）南浔镇沈家漾有个叫沈祐的人，一家数口人本来过得好好的，不料突然遭到水灾，妻子染上瘟疫，不幸死去。沈祐为了逃难，用一条渔船载着四个儿子，连夜逃到苏州周庄镇。不久，老大和老二夭折，只留下老三沈富和老四沈贵。沈富就是沈万三。

沈家在周庄耕种的是一片低洼地，只出芦苇和茅草。由于父子三人早出晚归，精耕细作，使这片低洼地变成了产量颇高的熟地。

周庄气候温和，土地肥沃，灌溉方便，盛产粮食和油菜，也是种桑养蚕的好地方。沈万三随父亲来到这里，人勤地不懒，粮仓里渐渐装满了粮食。

有一天，沈万三到苏州去卖粮，回来后兴冲冲地对父亲说："苏州阊门一带做生意的人很多，既能赚钱，又能到处玩，太有意思了。"在父亲的支持下，沈万三开始了经商生涯。

苏州大富翁陆德源富甲江东，觉得自己已经老了，手里的巨额财产生不带来，死不带去，如果不传给别人，一旦天下大乱，反而会酿成杀身之祸。他见沈万三聪明好学，为人豪爽，乐于助人，经商讲求信用，于是将全部财产赠给沈万三，自己去澄湖之滨当了一名道士，后来得以寿终正寝。

沈万三得到陆德源的巨额资产后，真是如虎添翼。他利用周庄的白蚬江西通京杭大运河，东北通吴淞江可以出海的地理优势，将周庄变成了一个粮食、丝绸及多种手工业品的集散地和交易中心。

沈万三一面将中国内地的丝绸、瓷器、粮食和手工艺品等运往海外，一面将海外的珠宝、象牙、犀角、香料和药材运到中国，开始了对外贸易活动，很快成了江南第一大富豪，富甲天下，创造了前无古人的奇迹。

沈万三富而不骄，仍然关心百姓。有一年，他发现苏州玄妙观四周每天香客和游客络绎不绝，卖艺的和小商小贩四处云集，由于道路狭窄，行人车马经常阻塞。他想，如果将道路拓宽，在观前营建街市，既能方便行人车马，又能建店铺用于招商，是件大好事。于是，他说干就干，采用茅山石铺好观前的地面，建起了街市。这一举动深得百姓们的赞誉。

朱元璋建都南京后，由于战事频繁，开支浩大，没钱修建城墙。沈万三听说后，主动要求负责修筑聚宝门至水西门的那段城墙，还包括水关、桥梁、廊房、街道和署邸等相关工程。获准后，他延请了一流的营造匠师负总责，自己则整天在工地上督促进度，检查质量。不久，他负责修筑的城墙比皇家修筑的城墙提前三天完成。百姓闻讯后，都称沈万三为"白衣天子"。

沈万三望着建好的城墙，心中大喜，万万没想到竟会功高震主，大大扫了皇帝的面子。不知祸之将至的沈万三在高兴之余，又向朱元璋提出，打算用自己的百万两黄金代替皇帝犒赏三军。生性好杀、多疑善忌的朱元璋闻言大怒，认为他这是与皇帝争民心，争军队，便立即派兵籍没了沈万三的家

中国古城镇

产，下令要砍沈万三的头。后来，幸亏马皇后求情说：
"沈万三又没做任何违法乱纪的事，不如让他自生自灭
吧。"朱元璋这才改旨把沈万三流放到云南边陲去了。

到了清朝，康熙皇帝平三藩，收台湾，统一了中国，
让百姓过上了安定的日子。欣逢盛世，天下太平，苏州郡
守为了迎接下江南的康熙皇帝，广泛征集民间绝技。这
时，周庄白家浜渔民的划灯便大显身手了。

渔民以竹篾为架，裹上彩绢，制成彩灯，在里面点燃蜡烛，十分艳丽。他
们在灯船上架好飞檐翘角，四周蒙上轻纱，纱上绘上飞禽走兽和山水花卉。飞
檐周围有几十支灯钩，用以悬挂明亮的彩灯。透过轻纱，可以看到船中旋转着
的戏文灯盘，有"梁祝姻缘""武松打虎""李三娘推磨""松鼠采葡萄"等
等。灯船在水上变换队形划行，这就是划灯。

康熙皇帝观赏划灯后，心中大悦，称之为"上上贡品"。从此，周庄划灯被
人称为"江南第一灯"。划灯风俗相沿至今，历数百年而不衰。

正是在康熙初年，贞丰里正式更名为周庄镇。周庄总面积 36.05 平方公里，
历史上以农业、蚕桑业和手工业为主。

1978 年改革开放以来，周庄乡镇工业迅速发展，行业结构日趋合理，初步
形成了以皮革制品、建材、机械、有色金属、化工、服装、印刷、玩具和电子
等行业为主的工业体系。

随着昆山到周庄、青浦到周庄两条公路的沟通，周庄分别连接到沪宁高速
公路、312 国道和 318 国道上，可谓四通八达了。

由于急水港大桥的建成，周庄的旅游业也迅速发展，日益兴旺起来。

急水港把周庄分割成隔水相望的两部分，历来只能靠小船摆渡。如遇台风季
节，渡口停航，人们只能望河兴叹了。这成为周庄经济和旅游业发展的极大障碍。

经过再三论证，昆山县人民政府决定建造急水港大桥。由同济大学建筑设
计院设计上部构造，昆山交通学会设计下部构造，于 1987 年 3 月动工，到
1989 年 5 月竣工，历时两年零两个月，耗资 295 万元，结束了千百年来人工摆
渡的历史。

急水港大桥为昆山境内跨度较大、等级最高的桥梁。河面跨度 128 米，桥长
344 米，桥面宽 12.5 米。这种新颖的桥型，在国内外较大跨度桥梁中是罕见的。

现在，桥上可通汽车和行人，桥下可通轮船，给周庄的交通带来很大便利，
让周庄如虎添翼，一日千里地腾飞起来。

周
庄

## 二、名副其实的水乡

周庄呈荷叶形，从外面看，它四面环水，被澄湖、白蚬湖、淀山湖和南湖所围抱。

从周庄内部看，有四条大河道呈井字状在老镇区蜿蜒流过，镇中小河密如蛛网，纵横交错，数也数不清。

由于湖河联络，彼此相通，形成了一条条水巷。因此，到了周庄，即使咫尺往来，都必须借助舟楫。

在周庄，形状多样的石桥横卧水上，古老宅院依水而筑，百姓背水而居，环境清幽，一片"小桥、流水、人家"的诗意画境，堪称人间净土，仿佛世外桃源。

这些湖河巧妙地调节着气候，使周庄的夏天总要比别处凉爽，四海宾朋无不愿意前来消暑，都夸周庄为"江南第一水乡"。

### 1. 澄湖

周庄北面的澄湖又名陈湖或沉湖，此地原为陆地，后来下沉为湖，故名沉湖。

澄湖北穿吴淞江，与阳澄湖相通，东南通昆山淀山湖。

澄湖面积约 40 平方公里，南北长 10 公里有余，东西最宽处近 7 公里。

澄湖水容量为 0.8 亿立方米，但平均水深不到 2 米。

澄湖的水生植物和浮游生物十分丰富，因而湖中盛产鲫鱼和青虾，另有鲢鱼、鳙鱼、鲤鱼、银鱼、草鱼、青鱼、河蟹等。

站在澄湖岸上放眼望去，只见水波淼淼，帆影点点，令人心旷神怡。

### 2. 白蚬湖

白蚬湖位于周庄镇西侧，长约 5 公里，俗称白蚬江，因江中盛产白蚬而得名。

白蚬湖面积 7.6 平方公里，平均水深 2.5 米。

白蚬湖湖水清澈，微波荡漾。湖畔垂柳摇曳，曲廊蜿蜒，亭台典雅。鹅卵石小径直通云海阁，过了云海阁

中国古城镇

的门洞是一条 13 米长的木质栈桥，栈桥那一端连着周庄舫。

周庄舫为船形小楼，共分两层。

从栈桥踏上周庄舫便登上了它的船头，匾额上有"周庄舫"三个大字，写得隽永飘逸，气势不凡。下面有一组书法木刻作品，书卷气扑面而来，又精巧又典雅。推开中间的落地长窗，便走进周庄舫的主体。那是一个约 240 平方米的会议厅，其顶部是木梁和网砖结构，从中间向两侧由高渐低，构成优美的弧线型。一张 180 平方米的手织地毯铺在地当中，四周 26 张高档藤椅围成一圈，椅座上有柔软的海绵坐垫，靠背上有柔软的海绵靠垫。藤椅之间摆放着仿明式茶几，茶几上装有进口话筒。会议厅的两侧是漂亮的落地长窗，窗外有 1 米宽的船舷走廊。置身其中，令人感到舒适惬意。

穿过会议厅，便是船的后半部分。这里的男女洗手间一如五星级宾馆的设施，外部的古典美与内部的现代化结合得十分完美。

手扶朱红色木质楼梯的栏杆，可以登上周庄舫的二层。这里有一个 50 平方米的咖啡厅，充满现代气息。厅外是一个露天酒吧，铸铁椅子张开双臂在迎接客人。两侧是木质栏杆，可以凭栏远眺。湖面如梦似幻，渔船若隐若现，美丽的白蚬湖尽收眼底。

3. 淀山湖

周庄东南的淀山湖古代曾是陆地，秦、汉时沉陷为湖。

淀山湖水深约 2 米。湖中原有淀山，湖名即源于此。

淀山湖南宽北窄，形似葫芦，其长度 14.5 公里，最大宽度 8.1 公里，平均宽度 4.3 公里，岸线长 62.3 公里，总面积 445.87 公里。淀山湖主要容纳太湖流域来水，出水经黄浦江流入长江入海，沿湖进出河流众多，总计 59 条。

淀山湖碧澄如镜，沿岸烟树迷茫，富有江南水乡风光。

著名的淀山湖旅游风景区，仿古建筑奇巧豪华，汇集了南北园林的特色。

在淀山湖西畔，建有青少年野营基地。

淀山湖风景区的边缘地区，拥有丰富的历史人文景观，有 6000 年前的崧泽古文化遗址和福泉山古文化遗址，是迄今发现的这一地区人类最早的聚居地。

淀山湖畔有丰富的古建筑，如唐代的青龙寺、青龙塔、泖塔，宋代的普济桥、万安桥，明代的报国寺、放生桥和清代的曲水园、万寿塔，还有江南水乡名镇朱家角、金泽等，其中周庄首屈一指。

4. 南湖

南湖位于周庄南面，俗称南白荡。利用南湖自然风光及历史胜迹而新建的南湖园，以全福讲寺为中心，有"水中佛国"之称。

湖滨有茂林修竹，环境极其幽静。湖中水清如镜，鱼虾丰盛。南湖既是一个天然水库和养鱼场，又是人人向往的自然风景区。

南湖园占地54亩，建筑面积6300平方米，分春、夏、秋、冬四个景区。

秋景区的思鲈堂和季鹰斋是为纪念晋朝名人张翰而建的，而刘宾客舍和梦得榭则是为纪念唐朝大诗人刘禹锡而建的。

南湖本名张矢鱼湖，当年张翰辞官返乡后，在这里垂钓，直至终老，因而得名。"矢鱼"即钓鱼之意。

张翰，字季鹰，西晋文学家、书法家，晋武帝司马炎时人。张翰世居周庄镇南，地近南湖。《晋书》中说他"有清才，善属文而放纵不拘"。时人比之竹林七贤之中的阮籍，称之为"江东步兵"。阮籍恃才傲物，狂放不羁，曾任步兵校尉，人称"阮步兵"。张翰生于江东，与阮籍齐名，因此人们称他为"江东步兵"。当时，曾有人劝他说："卿乃可纵适一时，独不为身后名耶？"张翰回答说："使我身后有名，不如即时一杯酒！"

晋武帝死后，他的痴呆儿晋惠帝即位，八王之乱爆发了。

晋惠帝永宁元年(301年)，八王之一的齐王司马冏夺得朝政。这时，张翰正担任大司马东曹掾。他见朝政腐败，大乱愈演愈烈，便预感到不可久留于是非之地了。

张翰为了避祸，遂以"见秋风起，思念家乡菰菜、莼羹、鲈鱼"为借口，要求辞官，并赋《思吴江歌》一首："秋风起兮木叶飞，吴江水兮鲈鱼肥。三千里兮家未归，恨难禁兮仰天悲。"

从洛阳辞官返乡后，张翰与世隔绝，过起了悠闲宁静的生活。有人奇怪地问："为什么好好的官不当？"他回答说："人生贵得适志，何能羁官数千里，以要名爵乎？"成语"莼鲈之思"指的就是这个典故。

中国古城镇

张翰遗著有数十篇，散见于《艺文类聚》等书，并有《首丘赋》《豆羹赋》《杖赋》《秋风歌》等诗。张翰的文章风格独特，文笔流畅。他的诗文名句有"黄花如散金"，唐代时曾用以命题选拔进士。李白曾夸赞说："张翰黄金句，风流五百年。"

现在，在周庄镇内，还有张翰故居和墓碑，坐落在河边一家小客店的隔壁。

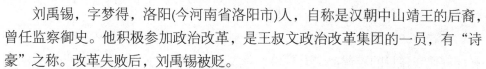

南湖之滨原有一座名叫清远庵的佛堂，庵内设有刘公祠，是为纪念唐代大诗人、政治家刘禹锡而修建的。

刘禹锡，字梦得，洛阳(今河南省洛阳市)人，自称是汉朝中山靖王的后裔，曾任监察御史。他积极参加政治改革，是王叔文政治改革集团的一员，有"诗豪"之称。改革失败后，刘禹锡被贬。

后来，几经调动，刘禹锡被派往苏州担任刺史。刘禹锡任苏州刺史时，十分爱护百姓，办了许多好事。唐文宗大和五年(831年)，苏州遭受特大水灾，农田歉收。刘禹锡毫不犹豫，开仓拨出十二万石稻米赈济饥民，并免除赋税徭役，缓和了灾情。苏州人民爱戴他，感激他，把曾在苏州担任过刺史的韦应物、白居易和他合称为"三杰"，建立了三贤堂。

不久，刘禹锡又被贬官。于是，他来到水乡周庄，在南湖之滨小住。

刘禹锡离开周庄后，百姓怀念他，特地将他的寓所改建为佛堂，即清远庵。纪念刘禹锡本该建一座祠堂，但因唐朝法度所限，建祠堂必须请示朝廷。人们考虑到刘禹锡刚刚得罪朝廷，难以获准，便采取了变通的办法，奉刘禹锡为佛，建造了这所佛堂。

清远庵几经焚毁，又不断修复。到清代时，唐代旧制已不复存在，百姓就毫无顾忌地在清远庵中修了刘公祠。

刘禹锡晚年回到洛阳，担任太子宾客加检校礼部尚书。现存刘禹锡诗歌八百余首，反映了百姓生活和风土人情，题材广阔，含蓄婉转，朴素优美，清新自然，健康活泼，充满生活情趣。

如今清远庵和刘公祠都已不复存在。因刘禹锡字梦得，晚年做过太子宾客，为了纪念刘禹锡，人们在南湖园内新建了刘宾客舍和梦得榭。

南湖一片湖光水色，清幽透明，是游人的好去处，有"周庄明珠"之美誉。

5. 水巷

周庄镇内的小河密如蛛网，但并不妨碍交通。周庄人巧妙地将它们作为水巷，划着小船在水巷里前行，既可运货，又可以载客旅游。

千百年来，从水巷运往全国的货物可以堆成一座泰山，既造福苍生，又互通有无，搞活了经济；近年，有朋自远方来，水巷又载上了四海宾朋，既有黄皮肤的，又有白皮肤的，也有黑皮肤的。

在周庄，如果徒步参观各景点，双脚总会走累的。这时，可以到沈厅前面的码头上船，这里是搭船游水巷的总站。河面上停泊着十多条小木船，都搭着一块深蓝色的布篷，这就是有名的乌篷船。上船后，船娘开心地摇着橹，带上游客一路高歌而去。船儿沿着南北市河徐徐北上，穿过弧形的富安桥桥洞。南北市河两岸全是老宅，一片粉墙黛瓦。房基全用砖块砌成，长年浸在水中，变得斑斑驳驳，令人顿起思古之幽情。

水巷中，船娘敲着乐器，唱着水乡小调，为水巷增添了特有的情调。那悠扬的旋律和独特的腔调都向天空和水面散发着浓郁的水乡韵味。这些勤劳的船娘熟练地驾着船，流露着对生活的自信。

小船继续前行，渐渐驶近闻名世界的双桥。

从沈万三故居沈厅乘船顺流而下，直至古镇双桥，这是周庄水上旅游的精品线路。全程大约半小时，沿途可欣赏周庄迷人的风光。

周庄有摇橹游船数百条，在水巷中供游客乘坐。游客在波光粼粼的水面上悠哉游哉，显得十分潇洒。

1987 年新建的急水港大桥通车前，游人进出周庄都要靠小船摆渡，虽然多有不便，却也别具风情。大桥通车后，游客便都坐车进庄了。

2008 年 10 月 10 日，周庄环镇水上游首航仪式启动，改变了二十多年来单一的坐车进镇方式，让中外游客体验到了环镇水上游的乐趣，向世人全面展示了江南水乡的美景和原生态的传统生活。

周庄每年接待 300 万人次以上的海内外游客，推出环镇水上游线路后，近三分之一的游客愿意选择水路进庄。水上游客自镇北白蚬湖上船，途经爱渡小

镇、有"上海的莱茵河"之称的急水港、东垞港，直到南湖码头上岸，历时也是半小时。

还有一条线路，是为从南面进入周庄的游客准备的。游客从周庄东南的淀山湖登上快艇，可以乘风破浪，直达周庄。一路上，游客恍如置身大海，但见水天一色，风声习习，忽然抵达彼岸，原来是到了周庄，进入水巷了。

# 三、周庄古桥

有河必有桥，周庄也不例外。周庄河多，桥自然
也多，小小的周庄竟有十座四百年至八百年历史的古
桥。其中以下面几座古桥最为有名。

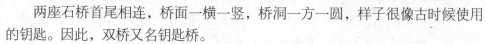

### 1. 双桥

双桥位于镇中清澈的银子浜和南北市河交汇处，
由世德桥和永安桥组成。因两桥相连，故名双桥。

两座石桥首尾相连，桥面一横一竖，桥洞一方一圆，样子很像古时候使用
的钥匙。因此，双桥又名钥匙桥。

双桥中，世德桥为石拱桥，东西走向，横跨南北市河。世德桥东端有石阶
引桥，伸到街巷中去。世德桥长 16 米，宽 3 米，跨度 5.9 米。

永安桥为石梁桥，平架于银子浜河口处。永安桥的桥栏由麻条石建成，桥
洞很窄，仅能容小船通过。永安桥长 13.3 米，宽 2.4 米，跨度 3.5 米。

双桥始建于明神宗万历年间(1573—1619 年)，世德桥由里人徐松泉、徐竹
溪建造，永安桥由里人徐正吾建造。

双桥造型别致，举世无双，最能体现古镇神韵。桥下碧水清清，水滨绿树
掩映，临河的小楼粉墙黛瓦，小舟从桥洞中悠悠穿过。游人见此奇景，无不为
之入迷，仿佛穿越时空，又回到了古代。

### 2. 富安桥

富安桥为单孔拱桥，长 17.4 米，宽 3.8 米，跨度 6.6 米。位于中市街东端，
横跨南北市河，通南北市街。古时，桥旁曾有一座总管庙，因此原名总管桥。

富安桥于元惠宗至正十五年(1355 年)由里人杨钟出资建造，原为青石铺面，
无台阶。

明宪宗成化十四年(1478 年)和明世宗嘉靖元年(1522 年)，富安桥曾两次
重修。

清文宗咸丰五年(1855 年)，周庄又一次重修富安桥时，将青石易为花岗石，
东西两侧设了级梯，中间为平面，刻有浮雕图案。

富安桥桥身四角建有桥楼，临波高耸，遥遥相对。四座桥楼飞檐朱栏，粉
墙黛瓦，雕梁画栋，古色古香，为江南水乡仅存的桥楼合璧的立体型建筑。

现在，桥楼内设有茶楼和专售旅游用品的商店，可供游人休息，既是欣赏

周
庄

水巷风光的好景点，也是摄影留念的好地方。

沈万三的弟弟沈万四常常捐钱为乡里做好事，曾修建过富安桥。富安桥的名字表达了富了以后能够平安的心愿。

富安桥上有五块江南一带罕见的武康石，采自浙江德清县的山崖间，颜色深赭。石面有细小的蜂窝，不易磨损，雨雪天也不打滑。

较长的一块武康石在桥东做了栏杆石，供行人坐靠之用；另一块较长的则用作桥阶；而较短的三块铺在西桥堍了。桥堍是桥两头靠近地面的部分。

### 3. 贞丰桥

贞丰桥是一座单孔石拱桥，桥长 12.2 米，宽 2.8 米，跨径 4.4 米。

贞丰桥位于中市河西口，连接贞丰弄和西湾街，因周庄古名贞丰里而得名。

贞丰桥于明思宗崇祯七年(1634 年)重修，于清世宗雍正四年(1726 年)重建。

贞丰桥如今拱洞完整，石隙间长出了枸杞枝，桥石斑驳，一派古意。

贞丰桥西侧有一座小楼，人称"迷楼"，曾经是南社成员柳亚子、陈去病、王大觉、费公直等人聚会赋诗、宣传革命的地方。

贞丰桥和迷楼一桥一楼，相得益彰，为古镇平添了无限诗意。

### 4. 福洪桥

福洪桥在后港河西口，是一座造型别致的石梁桥。桥长 16.4 米，宽 2.1 米，跨度为 4.7 米。

福洪桥于清圣祖康熙年间由里人所建，清高宗乾隆四十九年(1784 年)重修。

福洪桥桥身中间的石条上镂刻着图案对称的花纹，中间镌有"福洪桥"三个字，但当地老百姓却叫它洪桥。

原来，太平天国年间，洪秀全领导农民起义军反抗清政府的统治，深得民心。起义失败后，有一支太平军从外地流落到周庄。当地地主豪绅十分恐惧，纷纷勾结清政府，一面散布谣言，污蔑太平军个个青面獠牙，杀人不眨眼，一面组织乡团，伺机镇压太平军。

有一天，大地主纠集反动武装在福洪桥上残酷地杀害了几百名太平军战士。太平军战士的鲜血染红了福洪桥的石阶，也染红了桥下的后港河。

为了纪念壮烈牺牲的太平军战士，从此人们把福洪桥改称为洪桥了。

## 四、周庄名胜

周庄环境幽静，建筑古朴。周庄的明清建筑很多，有很多深宅大院，屋顶和地面多呈黑灰色，周围则是白墙镶着深色木窗，既素雅又不失大气。其主人多是商贾之家或官宦世家。

由于周庄地处水乡泽国深处，过去交通不便，战火颇少蔓及，因而古建筑大多保存完好。虽经九百多年沧桑，仍完整地保存着古时水乡集镇的建筑风貌。据统计，全镇60%以上的民居仍为明清建筑，仅有半平方公里的古镇竟拥有近百座古典宅院和六十多个砖雕门楼。其中有几栋古典建筑闻名全国，如沈厅、张厅等。

周庄的寺院是人们休闲和向往的地方，它能净化人们的心灵，提升人们的精神境界，对于搞好安定团结和创建和谐社会是大有益处的。

周庄又新建了一些仿古建筑，也都颇为壮观，十分有名。

### 1. 沈万三故居

沈万三故居坐落在周庄镇东垞，分东西两部。老屋粉墙黛瓦，两侧是茂密的树林和绿油油的菜田。

故居东部是沈万三随父亲沈祐迁到周庄不久后修建的住宅，具有明末风格；西部则是沈万三发家后建造的。

沈万三故居共有五个院子，结构紧凑，前后呼应。

故居围墙上有14幅精美砖雕，再现了沈万三的传奇历史，反映出沈万三的致富之道。这14幅砖雕分别是"迁居周庄""春耕垦荒""建屋造宇""种桑养蚕""积谷东庄""会友宴客""书香门第""开店设铺""巧得聚宝""陆氏赠财""捐资筑城""造桥积德""海外经商"和"茶马古道"。

故居中还有一些对联，其中"念之祖仓廪广集南北货，创先河舟楫远销东西洋"概括了沈万三的经商生涯。

大富豪沈万三是农民的后代，这从沈万三故居的建筑风格和居室内的所有

周

庄

陈设可以看出来。其所以能够发家致富，靠的是勤劳、智慧、机遇和诚信。

当沈万三发迹后，并未沉湎于花天酒地、纸醉金迷的腐化生活，而是仰慕风雅，欣赏昆曲，在高雅的艺术中陶冶情操，提升人格与品位。

故居中书画满目，墨迹飘香，令人肃然起敬。

沈万三为了不让后代子孙成为胸无点墨、无所事事的花花公子，专程以重金礼聘大儒王行知为塾师，到周庄来教育他的子弟，设馆于银子浜。王行知学识渊博，诗文俱佳，是明初有名的学者。

在这种环境中，沈万三也成了一代儒商。

**2. 沈万三水冢**

浜，一般指小河，准确地说是指死胡同一样的小河，也就是所谓"一头通一头到底"的小河。

银子浜就是这样的小河。河面上波光粼粼，酷似无数碎银子在闪烁，故名银子浜。它从南北市河流出，经著名双桥之一的永安桥的方形桥洞徐徐东流。浜上萍红藻绿，芦荻茂密。两岸簇拥着鳞次栉比、粉墙黛瓦的明清老宅。

银子浜流着流着，戛然而止，形成一泓金钩钓月湾。湾水清冽，大旱时也不干涸。湾下有座古墓，非常坚固，埋着沈万三的灵柩，岸上有牌坊式墓门、祭台、碑亭等。这就是沈万三水冢。

在石牌坊两侧，书有一副楹联："念我无祖迁贞丰耕农经商，望尔后裔居周庄修宅筑亭。"

沈万三在云南去世后，灵柩运回周庄。人们为了永远纪念他，将他葬在银子浜水冢中。

**3. 沈厅**

沈厅原名敬业堂，清末改称松茂堂，位于富安桥东南侧的南市街上，坐东

朝西，七进五门楼，有大小一百多间房屋，分布在100米长的中轴线两边，占地2000多平方米。

沈厅由沈万三后裔沈本仁于清高宗乾隆七年(1742年)建成。据《周庄镇志》记载："沈本仁早岁喜欢邪游，所交者皆匪类。及父殁，人有'不出三年，必倾家者'。本仁闻之，乃置酒召诸匪类饮，各赠以钱，而告之曰：'我今当为支持

中国古城镇

门户，计不能与诸君游也!'由是闭门谢客，经营农业，于所居大业堂侧拓创敬业堂宅，广厦百馀椽，良田千亩，遂成一镇巨室。"

沈本仁浪子回头，给我们留下了大名鼎鼎的沈厅。

沈厅由三部分组成：

其一，前部是水墙门、河埠，供家人停船、洗衣之用，为江南水乡特有的建筑；其二，中部是门楼、茶厅、正厅，为接送宾客，办理婚丧大事及议事之处；其三，后部是大堂楼、小堂楼、后厅屋，为生活起居之处。

整个沈厅是典型的"前厅后堂"的建筑格局。前后楼屋之间均由过街楼和过道阁连接而成"走马楼"，为同类建筑物中所罕见，令游客眼界大开。

松茂堂居中，占地170平方米。正厅面阔11米，呈正方形。正厅前面有轩廊，进深七檩。厅两边是次间屋，有楼与前后厢房相接。正厅后有游廊。屋面为两坡硬山顶，除六檩至七檩为单屋顶棚外，其余均为双屋顶棚。

松茂堂大厅内梁柱又粗又大，刻有蟒龙、麒麟、飞鹤、舞凤等图案。厅中悬匾一块，上面是"松茂堂"三个凸出的泥金大字，为清末状元张謇所书。

朝正厅的砖雕门楼是五个门楼中最宏伟的一个，高达6米，三间五楼。门楼上面覆有砖雕飞檐，刁角高翘，下承砖雕斗拱，两侧有垂花莲，下面是五层砖雕，布局紧凑。正中悬一匾额，刻有"积厚流光"四个大字，四周额框刻有精细的"红梅迎春"浮雕。其余的则镌有人物、走兽及亭台楼阁等图案，包括《西厢记》《状元骑白马》等戏文，人物神态各异，栩栩如生。一块长不盈尺的砖板上镌有前、中、远三景，构思巧妙，刻艺精湛，可与苏州砖雕门楼媲美。

大堂楼与前厅建筑风格有所不同，属徽帮风格。大堂楼梁架造型浑厚，满是明式圆形图案。栏杆与棂窗制作精致，造型优美。地板大多是60厘米左右的单幅宽松板，坚固耐用。

沈厅的后厅屋有小河与波光粼粼的银子浜相通，可驾小舟自由往来。

4. 章厅

章厅位于周庄中市街，为章腾龙故居。

清朝初年，章氏先人章永廉在故居设米肆，赈济灾民。后来，章永廉将故居扩建成两个大厅，共有房子二十多间，名为绿天书屋。这两座大厅于清末毁于大火，而粉墙蠡窗、雕花大梁的厢房仍在，古风犹存。

章腾龙，字觐韩，周庄人。年少游学习武，博学多才，胸有大志。

清世宗雍正九年（1731年），章腾龙效法徐霞客，离家远游，途经江苏、浙江、江西、广东、广西等省区，考察风土人情。

经过两年多的长途跋涉，章腾龙抵达桂林，行程万余里，通过实地考察，学问大进。

回周庄后，章腾龙埋头著书，撰写了《岭南杂记》《粤游记程》等书。

晚年，章腾龙搜集周庄史实，历时十年，于清高宗乾隆十八年（1753年）编纂成历史上周庄第一部镇志，取名《贞丰拟乘》。

五十多年后，清仁宗嘉庆十五年（1810年），此书由里人陈勰增辑出版。此书出版后，流行全国，国人纷纷效仿，形成一时风气。

章腾龙著作还有《绿天书屋诗文集》《驹隙志》《清梦录》《金阊婆子话稿》等。

章腾龙被公认为是对周庄历史研究作出巨大贡献的人。

5.贞固堂

贞固堂又名沈体兰故居，是爱国教育家沈体兰先生幼年生活之所。

贞固堂位于古镇太平桥之下，高壁花窗，粉墙黛瓦，面街临河，古色古香，环境幽雅，别具风格。

贞固堂内部结构精巧，室内布置陈设原汁原味，老式家具与文物、书画珠联璧合，古韵盎然。

贞固堂楼上楼下共拥有明、清和民国风格客房6间9个床位和自助厨房1间。客房里装饰讲究，水乡风味十足。

沈体兰生于清光绪二十五年(1899年)，又名流芳，出身于周庄书香门第。

1922年，沈体兰毕业于苏州东吴大学。1928年，沈体兰赴英国牛津大学深造。

1931年9月，沈体兰应聘担任由英国教会创办的麦伦中学校长。

在校长任内，沈体兰制定了"建设高尚思想，养成社会意识，练习集体意识，实行公众服务"

的新的办学方针，培养学生具有"科学头脑、劳动身手、生产知识、革命精神"。

沈体兰在校内建立了民主管理治校制度，聘请进步文化人士担任教员，邀请海内外学者名人讲演；废除了宗教课程，开设了时事形势课程，建立了周会制。

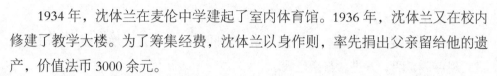

沈体兰在办校同时，还创办民众学校、补习学校和义务学校，招收工人、店员和失学儿童入学。

1934 年，沈体兰在麦伦中学建起了室内体育馆。1936 年，沈体兰又在校内修建了教学大楼。为了筹集经费，沈体兰以身作则，率先捐出父亲留给他的遗产，价值法币 3000 余元。

1931 年，九一八事变爆发，沈体兰大力支持麦伦中学学生的各项爱国救亡活动，并发起组织爱国社团，宣传"团结御侮"的救国主张。

上海八一三变事爆发后，沈体兰加入保卫中国大同盟等抗日救亡组织。受宋庆龄委托，沈体兰奔波于印度、英、美诸国，宣传中国抗日斗争的艰苦卓绝，扩大了反侵略正义事业的影响。

1938 年初，日寇深入中国，沈体兰赴内地办学。

1946 年夏季，沈体兰回到上海，复任麦伦中学校长，并兼任上海圣约翰大学教授。

麦伦中学的学生在中国共产党的领导下，参加全市反美爱国运动，影响遍及上海全市，学校因而荣获"民主堡垒"的美誉。

同年年底，上海市警察局要逮捕麦伦中学学生会三名主要干部，沈体兰义正词严，拒不从命。

同时，沈体兰与张志让等人发起组织上海大学教授联谊会。在上海各界人民团体联合发起组织的"美军退出中国"宣传周中，沈体兰主持召开外国记者招待会，用英语演讲，反对美国干涉中国内政。讲稿全文登载于英文报刊，影响甚广。

沈体兰还与马寅初等发起成立"上海市教育人权保障会"，联合民主教授发表意见书，提出"反对内战、反对逮捕爱国师生"等六项抗议。

1949 年初，北京和平解放，沈体兰应邀参加新政协筹备工作，出任全国第

周

庄

一届政治协商会议副秘书长。

1949年10月1日，沈体兰参加了开国大典。

从1958年起，沈体兰出任上海市政协副主席，还先后担任过全国人大代表和上海市人大代表、市人民委员会委员、全国政协委员、中国民主同盟中央委员、上海市委常委、民主促进会上海市委常务理事等职。

沈体兰自幼聪明，受到良好的教育。有一天，他问父亲说："'贞固堂'的'贞固'是什么意思？"父亲回答说："贞固就是坚贞不移，古书说得好，'贞固足以干事'。"沈体兰听后，牢记在心，一生造福百姓，坚贞不移。

6. 迮厅

迮厅位于富安桥北侧，为明思宗崇祯年间吴江望族迮文焕所建，前后共五进，现存一、四、五进，其余已毁。

据苏州地方志《玄妙观无字碑》所载，明初大儒方孝孺因反对明成祖篡位，满门抄斩时，在好心人的营救下，总算留下一脉，没有绝后。其后裔一支改姓施，避居于苏北泗州（今泗洪县）；另一支隐居吴江莘塔，改姓迮，后迁居周庄。

这座迮厅就是方孝孺后人迮氏的宅院。

迮厅主厅又称大书房，据《迮氏家谱》记载，清德宗光绪年间，清末状元陆润庠曾在这里开蒙，从师学习。

古时，苏州有家姓陆的，亦儒亦医，颇有名气。清晚期时，陆家有个叫陆懋修的，考入官学学习，后来做了润州教谕，一家住在校舍里。一天夜里，妻子梦见一只凤凰落在阶石上，醒后生了一个儿子。古时学校叫庠，因生在润州校舍中，所以叫润庠。又因梦见凤凰落在阶石上，所以陆润庠的字叫凤石。

陆润庠自幼聪明好学，10岁时便读完了成年人才能读完的四书五经。对家传医学，他也用心学习，颇通医术。清穆宗同治十三年（1874年）二月，陆润庠参加殿试，一举夺魁，成为清王朝第一百零一名状元。

陆润庠考中状元后，按惯例入翰林院担任修撰，掌修国史，开始了仕宦生涯。他曾入值南书房，迁任侍读，出督山东学政，做过御史，又擢升内阁大学士，也做过末代皇帝溥仪的老师。辛亥革命以后，陆润庠不愿做民国的官员，做了前清遗老。

陆润庠性格温和，平易近人，虽贵为一品大员，但服用十分简朴。如有忧愁时，只内结于心中，决不外露。晚年病重后，整日危坐闭目，不言不语，也不进食，数日而终，享年75岁。

后来，人们都称大书房为状元屋。现在，状元屋的天棚上尚有云板存留。古制，只有状元屋才有云板。这座状元屋虽几经修缮，但天棚上的云板始终保留着。

7. 张厅

张厅位于北市街双桥之南，前后七进，房屋七十余间，占地一千八百多平方米。

张厅原名怡顺堂，是明代开国元勋中山王徐达之弟徐逵后裔于明英宗正统年间(1436—1449年)造的。那时，徐达已经去世几十年了。

清朝初年，徐家衰败，怡顺堂转卖给张姓人家。

张家从徐氏手里买下怡顺堂后，将其改名为玉燕堂，俗称张厅。

现在，正厅及后楼是明代建筑，其他都是清代所建。 张厅虽然历经五百多年沧桑，但古风犹存，官家的气势依旧。

玉燕堂的屋顶和堂中的椅子靠背都类似明代官员纱帽的帽翅式样，因此又称纱帽厅。厅内字画很多，门槛很高，高度接近儿童的膝盖，这是地位的象征。

第一进是门厅，是男主人接见客人的地方，女人是不能跨进这个门槛的。

第二进是轿厅，里面有一个大轿子。所有大户人家，没有大事时是不开正门的，只开偏门。每逢婚丧喜庆或有贵宾来访时，才大开正门，抬进轿子，直至这个厅里。

走进门厅，穿过轿厅，便是天井了。

天井两侧是厢房楼，楼前设有雕刻精细的花格栅栏，栅栏两端有一对威武的雄狮，十分壮观。楼下安有落地蠡壳长窗，楼上安有蠡壳短窗，显得古朴典雅。

第三进是正厅，供主人举行各种礼仪活动之用。前有轩，后有廊，宏伟壮观。

周庄

厅内宽敞明亮，四根巨柱均为楠木，故又称楠木厅。又粗又大的厅柱挺立在楠木鼓墩上，有一抱粗细，敲之咚咚有声，坚如磐石，实为罕见。这是明代建筑的明显标志。

栋梁斗拱上雕饰着玲珑剔透的花卉图案，门窗棂格上的图案千姿百态，无不栩栩如生。

过了正厅，是匠心独运地筑成呈品字形的四进前后堂楼和厅屋，供当年主人生活起居之用。

后花园位于其间，假山、梅、兰、竹、芭蕉隐现于窗前屋后，衬以粉墙，显得又幽雅又精致。

前堂楼有明代遗风，简洁古朴，前后两进厅屋古色古香。

后进厅屋临水而筑，室内门窗格调多变。室外驳岸（池水的护坡）围拥，隔着池水与后花园相望。

后花园南北两侧均有小院，建筑精妙，静悄悄的。

走过曲廊可步入南侧的后堂楼，此楼被夹厢环绕，天井内绿树成荫，安宁恬静。

北侧围墙环抱，三间平屋和临池水榭连成一体。在水榭中推窗可见池中波光潋滟，轻舟荡漾，怡神养性。

张厅的后花园让人感受到浓浓的文化气息，江南园林的六大要素——水、假山、花树、亭台、楼阁和古典家具在这里样样俱全。

花园里的假山造型奇特，和无锡寄畅园内里看到的假山相似，堆的是江南名石——太湖石。太湖石的特点是瘦、皱、漏、透，为这座面积不大的小花园增添了无限灵秀。

从正厅至后花园有幽暗狭长的备弄，弄的左侧可连通各进堂楼，右侧可进入二楼三底的花厅。备弄是江南大户人家特有的厅堂之外的走廊。当年，没有

大事轻易是不开正门的，每逢婚丧大事或有贵客光临才开大门。平时，家人进出都走这条弄堂。

走出弄底，有条小河穿宅而过，通向银子浜，名为箸泾。泾上有个用花岗岩条石砌成的一丈多见方的水池，可以在那里会船、卸货和调头。水池岸上嵌有如意状系舟缆石，俗称牛鼻

头，雕得惟妙惟肖。

到第六进时，映入人们眼帘的是一副对联：
"轿从前门进，船从家中过。"这是鼎鼎大名的
《三国演义》作者罗贯中先生题的。"轿从前门
进，船从家中过"是周庄一大特色。

在水乡周庄，几乎家家都有自家的码头。

与古宅相映成趣的是长长的老街。老街的路面铺有大块的横条石，也有规
则的长方形石块，甚至还有用碎石子拼成的。路面最宽不过两米，窄处不到一
米，两边是紧紧挨在一起的楼房。高高的房檐伸得长长的，阳光从两边房檐的
细缝中洒下来，温暖着古镇的居民。

8.叶楚伧故居

叶楚伧故居为清式建筑，包括墙门、轿厅、正厅和堂楼，还有一个后天井。

正厅内布置了叶楚伧的画像、著作、墨迹，以及书画家们的纪念作品。居
室内的家具陈设多为清代和民国风格，十分朴素，毫无奢华之气。

天井中花木扶疏，绿树掩映，幽静小巧。天井中原有一株日本栀子花，是
日本友人赠送的，为叶楚伧当年亲手所植，可惜移栽不慎而枯萎了。

叶楚伧生于清德宗光绪十三年(1887年)，为著名南社诗人和政治活动家。

叶楚伧的曾祖父叶杏江是清朝官吏，退隐后经商发家；父亲叶凤巢靠设馆
授徒为生。叶楚伧自幼勤奋好学，诗文极佳，成人后被誉为文坛一绝。

叶楚伧自幼在周庄长大，身体魁梧，为人豪爽。

叶楚伧考入苏州高等学堂后，有一年寒假回到周庄，见镇上依照旧俗于新
年中开放赌禁，男女老少以赌博为乐，有些人甚至连倾家荡产也在所不惜；还
盛行迎神、赛会等迷信活动；有一些青年染上了吸食鸦片的恶习，不务正业，
有的偷盗，有的拐骗。叶楚伧对这种现象非常不满，立即带领一批有志青年组
织"文明度年会"，抵制不良的社会风气，向广大镇民宣传赌博、迷信、吸食鸦
片的危害性。参加"文明度年会"的青年于农历正月初一举行团拜会时，将
"恭喜发财"改为"恭喜进步"，以此破旧立新。

叶楚伧是热血青年，从小就关心国家命运。为了谋求中国的出路，他积极
响应孙中山先生的革命主张，参加了同盟会，积极从事革命活动。

叶楚伧参加革命时，每次收到家里的信都原封不动放在箱子里。他说：

"看了家信，怕要分心，会影响工作。"直到辛亥革命胜利以后，他才取出一大叠家信，一封又一封地仔细阅读起来。读着读着，思乡之情油然而生。于是，他将自己的俸金三千元捐给家乡小学，作为贫寒学生的助学基金。这笔钱存入周庄商号，以每年的利息发给贫寒学生作学费，解决了不少学生的困难。

光复南京后，叶楚伧离开军队，到上海和于右任、戴季陶、邵力子等人创办了《民报》，继续宣传革命。

叶楚伧童年丧母，家境贫寒，寄居在本镇亲戚沈仲眉家。他当了江苏省政府秘书长后，仍不忘当年的清寒生活。有一年他回到故乡周庄，住在沈家，沈氏请他吃饭，他说："不必客气，菜肴简单些，家常便饭就可以了!"饭后，沈家的女佣王妈给他绞上一把毛巾，他忙说："不敢当，不敢当! 你老人家替我绞毛巾，真是过意不去，应当让我们年轻人给你绞毛巾才是。"王妈听了，很是感动。

叶楚伧著有《世徽楼诗稿》《楚伧文存》以及章回体长篇小说《古戍寒笳记》《如此京华》等。他的小说温雅婉约，缠绵悱恻，诗歌却豪放不羁。有人评论他的诗文说："星斗罗于胸中，风雷动于腕底，文则雄健，诗则高古。"

1946 年，叶楚伧在上海病逝，终年 60 岁。人们怀念这位长者，到叶楚伧故居瞻仰的人络绎不绝。

### 9. 澄虚道院

澄虚道院俗称圣堂，建于宋哲宗元祐年间(1086—1093 年)，距今已有九百多年的历史了。

澄虚道院位于镇西，坐落在繁华的中市街上，面对普庆桥。当地有"先有澄虚，后有周庄"之说。

道院有正门、圣帝殿、文昌帝阁。院中建筑逐进增高，含有"岁岁升天"之意。

据《周庄镇志》记载，明代时，澄虚道院曾用竿子悬灯，为西湾夜泊者照明。明代中叶以后，道院规模日益扩大。明世宗嘉靖年间，当地人王璧捐资，为澄虚道院增建了仪门。

清圣祖康熙二十五年（1686 年），道士胡天羽不辞辛苦，化缘募捐，扩建了玉皇阁。五年以后，胡天羽又在阁西建造了文昌阁。清高宗乾隆十六年（1751年），道士蒋南纪在山门外建造圣帝阁，使澄虚道院成为吴中著名的道院之一。

玉皇阁为院之正殿，始建于宋代。殿宇森严，青石为基，重檐翼角，屋脊有砖刻图雕。从殿内拾级登楼，为"指归阁"，其西有文昌阁，高耸并列，有腾飞之势，使人飘然欲仙。其南有圣帝阁遥峙，殿宇轩敞。

昔日，院内黄墙绿树，楼阁参差，钟磬盈耳，庄严幽深。诸殿中供奉大小菩萨塑像有数百余尊，神态各异。

玉皇阁殿内，正中供奉"先天斗姆大圣元君"塑像，故又称"斗姆殿"。

因该道院与苏州玄妙观同属"正一派"，故在斗姆像之前还供奉玉清元始天尊、上清灵宝天尊、太清道德天尊，也就是"三清"塑像，形体较小。

殿内两旁还有三官大帝、雷祖菩萨、日宫太阳帝君、月府太阴帝君、蛇王天君等上百个千姿百态、造型生动的塑像。

指归阁上除关云长塑像外，还有三十六尊天神天将，其面部表情、身段姿态、器杖衣着、气质风度各不相同。

圣帝阁庄严肃穆，正中端坐玄天上帝，两旁是雷公、电母、托塔天王李靖等八位天神天将，形态威武，衬以山水云烟汇成的天幔。

澄虚道院内的道教活动自明代以来长盛不衰，院内香烟袅袅，烛光融融，道教音乐发人深省，诵经礼赞之声不绝于耳。

每年农历六月廿一、廿二日，澄虚道院要举行火神醮，设坛祭祷，祈求神明保佑周庄百姓安居乐业，勿发火灾。

火神醮后两天，还要举行雷祖公醮。道院内的法师和道士按照严格的仪程，鼓乐齐鸣，诵经礼赞。善男信女虔诚地祈求苍天保佑国泰民安，年年丰收。

《周庄镇志》说澄虚道院的打醮仪式"悉如帝王祀典之隆，亘古未有也"。

为了发展旅游事业，弘扬传统文化，从1993年起，周庄对澄虚道院进行了全面修缮。

澄虚道院不仅让游客了解到周庄的宗教文化，也让游客目睹了宋代建筑艺术的实物。

10. 全福讲寺

全福讲寺是远近闻名的古刹，建于宋哲宗元祐元年(1086年)。

周

庄

当年，周迪功郎舍宅建了这座全福讲寺，后经历代不断扩建，修得梵宫重叠，楼阁高耸，游客如云，香火鼎盛，成为江南名刹。

　　全寺共有五进，主体建筑大雄宝殿雄伟壮丽，三丈多高的如来佛盘膝而坐，佛掌中可卧一人，佛身倍于江浙各大寺院之佛像。据《周庄镇志》所载：这尊如来佛本在苏州虎丘海涌峰云岩寺，清世祖顺治五年(1648年)，总兵杨承祖率军驻扎白蚬湖边，特地将其请入全福讲寺内。

　　如来大佛左右伫立文殊、普贤二位菩萨，有如二峰巍然挺立。两侧十八罗汉夹侍，神态各异，栩栩如生。

　　清初大书法家李仙根拜访全福讲寺时，见寺院濒湖，心有所感，挥笔题了"水中佛国"四个大字，制成巨匾后悬于山门之上，为古寺增辉不少。

　　几百年来，全福讲寺一直香火不断，暮鼓晨钟，发人深省。不幸的是，这座江南名寺竟于20世纪50年代被迫改作粮库，毁于一旦。所有佛像和寺内珍品一扫而空，成为古镇一大遗憾。

　　改革开放后，周庄开始发展旅游业，决定异地重建全福讲寺。于是，周庄人让全福讲寺在南湖园中获得了新生，水中佛国又熠熠生辉了。

　　新建的全福讲寺沿中轴线的主要建筑有山门、指归阁、大雄宝殿和藏经楼等。

　　第一进山门耸峙于南湖之滨，门前湖光潋滟，游客可乘舟登岸，沿台阶进寺，也可以由全福拱桥沿湖岸进寺。

　　进入山门后，迎面是一座五孔石拱桥横跨于荷花池上。桥上两侧有石栏，直抵指归阁。登阁而望，南湖万顷波光尽收眼底。钟楼、鼓楼耸立两侧，使寺院显得更加雄伟。

　　第三进为大雄宝殿，高18米，飞檐斗拱，轩廊环绕。屋上"佛光普照"四个大字闪闪发光，梅、兰、竹、菊砖雕构图精美。

　　殿中宝相庄严的大佛小佛多得数不清，殿正中供奉佛祖释迦牟尼铜座像，慈眉善目，高达5米，重有3吨。两侧文殊、普贤分别骑在雄狮、大象上，英武非凡。大殿两旁的十八罗汉神态各异，形象逼真。殿后是飘海观音，屹立于鳌背之上。殿中佛像优美，光彩夺目，使人如临佛国，佛教文化艺

中国古城镇

术气息十分浓郁。

大雄宝殿后为三层高的藏经楼，雕梁画栋，金碧辉煌。经楼两侧是大斋堂和方丈室，遥相呼应，使整体建筑错落有致。

复活后的全福讲寺借水布景，巧夺天工，如诗如画，佛教文化博大精深，建筑艺术美轮美奂，很为古镇增光添彩。

11. 牌楼塔影

全福路南端，在新镇和老镇交界处，矗立着一座仿古牌楼。

四根坚固挺拔的浅褐色花岗石方柱支起的重檐翘脊的牌楼，浑厚粗犷的木质斗拱透出仿明建筑的风采，气势轩昂，好像鸟儿张开两翼在欢迎四海宾朋，恰如周庄向世界敞开的一道庄重古朴的大门。

整个牌楼精錾细雕，柱联额字华美隽永，使牌楼越发神彩飞扬。北侧匾额是"贞丰泽国"四个涂金隶书大字，告诉人们脚下这块美丽的水乡原叫贞丰里。柱联上联是"贞坚不贰攀日康庄有道路"，下联是"丰衣足食向阳桃李自逢时"，墨绿色的阴文楷书端庄得体，表示周庄人民坚贞不屈，勇于攀登，终于找到一条致富之路，而今丰衣足食的幸福生活全靠党的富民政策。南侧匾额是"唐风子遗"四个字，是对古风独存、保护完好的周庄古镇的精辟写照和由衷赞美。柱联上句是"万顷碧波水光潋滟晴方好"，下句是"百尺凌云塔影横斜景亦奇"，既歌颂了湖，也赞美了塔。

牌楼西侧耸立着一座仿古宝塔——全福塔。

塔为混凝土木结构，高 33 米，五层六角形飞檐翘角凌空，风铃高悬，古朴雅致。

沿着塔内螺旋式阶梯登高眺望，可穷千里之目，远山近水和整个周庄尽收眼底。

牌楼塔影成为周庄新老街区衔接处的靓丽一景，大多数来周庄旅游观光的宾客都会以此为背景摄影留念。

12. 古戏台

周庄有一座古戏台，坐落在双桥北边，占地 7 亩，建筑面积为 2500 平方米。

古戏台为木质结构，戏台三面有走马楼式的包厢，显得古色古香。

戏台正中由 420 只木雕凤凰盘旋成复盆状，称之为凤凰藻井。这种建筑利用了共鸣原理，可以产生音响效果，足见周庄人的智慧。

戏台正面有东阳木雕，刻有细致的戏曲人物花板。两根立柱上书有楹联，对偶贴切。整个古戏台既富丽堂皇，又不失古朴幽雅。

古戏台走廊内陈列着"周庄八景"诗画：

其一："全福晓钟"。全福讲寺原坐落在周庄镇西侧的白蚬湖畔，白蚬湖也称白蚬江。全福讲寺最初叫"泉福寺"，周迪功郎及夫人舍宅建寺，后来不断扩建，梵宫重叠，古木参天，成为苏杭一带的名刹。寺内有一座巨钟，重 3000 斤，悬于大雄宝殿左侧。每当拂晓时分，寺僧都要撞钟，声音可传至数十里之外。人们把巨钟当做报晓的金鸡，闻声而起，开始一天的劳作。

其二："指归春望"。全福讲寺中有一座佛阁，高耸于梵宫之中，名"指归阁"。指归阁飞檐翘角，四面有窗，可以远眺。每当春光明媚，风和日丽之日，周庄人常登阁眺望春景。远方黛山隐隐，近处湖水潋滟；岸边桃红柳绿，田间麦青花黄，令人心旷神怡，美不胜收。

其三："钵亭夕照"。镇北永庆庵后院有个荷花池，池边有一座亭子。因为庵中人常在池中洗钵，所以人称这座亭子为钵亭。钵亭背东面西，前面有一泓清水，后面有百年古柳，环境十分清幽。白天闲坐亭中，垂柳拂水相伴，风送荷香扑鼻，令人感到十分惬意。傍晚，夕阳西下，绮霞挂在天边，池中波光烁金，使人乐而忘返，融入大自然之中，有返璞归真之感。

其四："蚬江渔唱"。白蚬江横亘于周庄西侧，因江中盛产白蚬而得名。每当下午，渔船满载而归，在江畔抛锚泊船，晾网卖鱼，平静的港湾顿时热闹起来。傍晚时分，船头上三五成群的渔民纷纷饮酒作乐。饮到明月初升，酒酣耳热之际，渔民禁不住扣弦高歌，此起彼伏。古老的渔歌在江面上传得很远，天地为之动情，仿佛与之同乐。

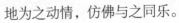

其五："南湖秋月"。南湖位于镇南，景色四季宜人，而秋夜的月色更加迷人。当金风送爽，明月高悬时，湖面上一片金黄，真有"长烟一空，皓月千里，浮光跃金，静影沉璧"的意境。

其六："庄田落雁"。庄田又名蒲田，是南湖

中国古城镇

西面的一个独圩，长满芦苇和香蒲，为候鸟栖息的好地方。每当秋季芦花泛白，香蒲吐穗时，庄田引来了无数南飞的大雁。白天，雁群在空中盘旋；夜晚，雁群落在圩上栖息。雁群为周庄秋景添了一处亮点。

其七："急水扬帆"。急水港古称东江，西连白蚬江，东接淀山湖，江面宽阔，水流湍急。有时北风劲吹，浊浪排空，令人望而生畏。勇敢勤劳的渔民不畏水急浪高，常常挂起白帆，百舸争流。其景动人心魄，令人充满豪情。

其八："东庄积雪"。东庄在周庄东郊，方圆1300亩，土地肥沃，为当年沈万三囤粮之处，又名"东仓"。每当冬雪过后，东庄银装素裹，一望无垠，是踏雪赏景的好去处。

周庄

## 五、周庄小百科

### (一) 周庄节日

周庄民风淳朴，文化底蕴深厚，有着丰富而别具一格的节庆活动。

1. 春节

春节是周庄人一年当中最为盛大的节日。尽管随着时代的变迁，春节所包含的内容变了，人们过春节的方式也变了，但春节在周庄人心目中的地位是无可替代的。

按照周庄的习俗，广义的春节从农历十二月二十四开始，一直延续到新年正月十五元宵节为止，前后三周。其间以十二月二十四、除夕、正月初一和正月十五最热闹，可以说是春节的高潮。

节前，百姓家家户户都要清扫房屋，洗衣拆被，以示除旧迎新。人们还要从市场上买回丰盛的年货，有肉类、糕点、糖果、水果等食品，以备节日食用和待客。

按传统习惯，除夕晚上全家要团聚在一起吃团圆饭。这顿团圆饭一般有十几道菜，其中多数都隐含人们对生活的美好愿望，如吃鱼表示年年有余等。

除夕要守岁，人们一夜不眠，在欢乐中送旧岁迎新年。在新年到来时，人们燃放爆竹，用以驱邪祈福，并表示庆祝新的一年到来。

到了初一，全家老小都要换上节日盛装，迎接客人来访或外出拜年。人

们相见时，用"新年好""春节好"等吉祥语相互祝愿。如果亲友之间在过去一年里曾发生过什么纠纷，只要春节去拜年，就彼此谅解了。

贴春联，贴年画，挂花灯，是人们欢度春节的活动。节日期

间，市场上摆出很多反映人民幸福生活、愉快劳动和各种花卉山水的年画、春联，供人们挑选。

花灯是周庄民间传统工艺品，春节期间的灯会也是一项十分热闹的活动。花灯上印有动物、风景、英雄人物等，灯的造型多种多样，十分精美。

2.元宵节

正月十五元宵佳节古称"上元节"。

明清两朝，周庄在元宵节夜里有马灯之戏。届时，挑选容貌姣美者演戏，让周庄百姓大饱眼福。

满街满市遍悬各种彩灯，造型奇特，缤纷绚丽。人们在锣鼓喧天中赏月品灯，望着形象逼真的灯上戏文人物，百姓喜笑颜开，一派欢乐祥和的景象。

每年元宵节，周庄人还要举行"打田财"活动。届时，人们在东□村牛郎庙的广场上竖起一根桅杆，杆上横一根小竹竿，两端各悬一串彩灯。桅杆顶端缚上一圈圈稻草，在稻草里藏好鞭炮，系上导火索，再糊上一层黄纸，做成元宝状，称之为"田财"。

到了夜晚，人们从四面八方携带鞭炮、爆竹、焰花和火筒，扶老携幼来到广场上欢度良宵。当桅杆上彩灯内的蜡烛燃尽时，人们立即鸣放鞭炮、爆竹，点燃焰花和火筒，用月炮、九龙抢珠、"五百鞭""一千鞭"对着桅杆上悬挂的"田财"轮番射击。一时间，烟花呼啸，鞭炮齐鸣，围观者欢声雷动，一个个喜气洋洋。

不一会儿，"田财"在射击下熊熊燃烧起来，从桅杆顶上跌落到地上。这时，人们争先恐后地拿着一束束稻草到燃烧的"田财"上去点火，然后一边当空挥舞，一边拿到自家田里去烧各个角落。

烧田寓意送财到农田，借以祈求五谷丰登，国泰民安。这时，田野里火光点点，有如繁星；祈祷声悠扬高亢，直上苍穹。

3.长工节

据清陶煦《周庄镇志》记载，三月二十八日是天齐王诞辰，周庄人要在东岳庙左侧请梨园弟子演戏三日，近乡长工多停工来玩，俗称长工生日，也就是长工节。

天齐王指东岳泰山神，唐玄宗时封其为天齐王。民间传说，天齐王一向喜欢看戏。

每逢三月初，乡董、士绅便与商界捐资摊款，四处邀请艺班演员，并在东岳庙附近圈地搭台，为演戏做准备。

节前数日，旅居外埠者纷纷返回周庄，既可参观节日盛况，又能畅叙天伦之乐，可谓一举两得。

从二十七日起，到二十九日，在这三天内，四乡数十里内乡民都赶到周庄过节。全镇热闹异常，八条大街旗幡飘飘，游人比肩继踵；井字形市河上舟楫如林，首尾相接；镇外急水江帆樯片片，有如千军万马。夜晚，全镇灯火通明，如同白昼。

东岳庙左侧戏场圈地约有二三十余亩，有的满畦菜麦被践踏得一片狼藉，主人也忍痛无言。

庙前斋筵大棚里，全镇诸庙之神欢聚一堂，受善男信女顶礼膜拜，香火盛极一时。

在戏场周围，小吃摊、茶棚比比皆是，还有算命的、相面的、卖泥塑的、打拳卖药的、玩杂耍的、拉洋片的，真是三教九流，各显神通，吸引游人。

午后演戏开始，戏台上鼓乐喧天，歌舞欢腾；戏场上人山人海，男女老少彼此挨挤，一个个眉飞色舞，无不沉浸在喜庆的氛围中。

4. 端午节

农历五月初五是中国民间的传统节日端午节，周庄的端午节极具江南水乡特色。

在这一天，周庄人要挂钟馗像，迎鬼船，躲午，驱鬼、贴符，悬挂菖蒲、艾草，佩香囊，比武，赛龙舟，击球，荡秋千，饮雄黄酒、菖蒲酒，吃粽子、咸蛋和时令鲜果等。

迎鬼船是端午节的习俗之一。在五月初五这天，周庄人用纸草扎成旱船，带着它去登高和逛街，谓之"迎鬼船"。周庄人认为群鬼十之八九是懒鬼，见船就上。人们登高和逛街后，要在村外将旱船烧掉。周庄人说这样会把船上的鬼烧死，它们就不能危害人间，人间就太平了。

躲午是端午节习俗，也称恶月躲午。周庄人认为五月为"恶月"，酷暑将临，瘟疫蔓延，重五更是个不吉利的日子，因此父母都在这天将未满周岁的儿女带往外婆家躲灾

避祸，称为"躲午"。这是古代科学不发达而产生的观念，其实是因为五月蚊虫滋生，在没有医疗卫生设备的民间，容易发生传染病，因而给人们带来一种恐惧心理，于是产生了躲午习俗。

中国古代将五月视为"恶月"，因此端午节驱鬼在民间非常盛行。驱鬼的方法很多，除了上面讲的焚烧迎鬼船外，常见的一种是在节前五月初一晚上插桃树枝。人们认为桃木能避邪，所以日落之前折些桃树枝插在门前和窗上，以起驱鬼的作用。

另一种重要的方法是在室内挂驱鬼符。驱鬼符要求必须在端午日出或正午时书写，书写材料要用生朱，砚内和书写人口中必须放上硝石。较为通行的符咒有"五月五日天中节，赤口白舌尽消灭"之类。

类似的驱鬼习俗还有在儿童额上点雄黄酒。节日一早，要在儿童耳朵上夹艾蒿，头上戴菖蒲，然后用雄黄酒在额上写一个"王"字。据说这样可使百鬼畏惧，儿童得以保命长生。

## （二）手工艺

### 1. 庄炉

周庄的手工艺生产颇具特色，清代光绪年间，周庄铜炉曾在南洋劝业会上获奖，人称"庄炉"。至今，周庄百姓家里普遍藏有庄炉。

制庄炉时，铜匠先将铜板敲打成扁圆炉体和浅盆形炉盖，再在炉盖上镂上

周
庄

一个个雪花状或珍珠形的小孔，最后在炉体、炉盖、炉档上镌刻线条、花卉、蝴蝶、鸟雀、云纹等图案，制成一件精美的铜铸工艺品。在婚嫁之日，庄炉常被用作女儿的陪嫁礼品。

外国游客一见庄炉，无不赞叹，爱不释手，都不会空手而归的。

据《贞丰拟乘》记载，周庄冯、费两家的脚炉坚实厚重，三十年不会损坏。

现在，各式各样的现代取暖设施取代了庄炉，但人们不会忘记庄炉曾经常来的温情。

过去天寒时，人们便在庄炉里放上火光闪烁的灶灰，再掺上砻糠、木屑之类的燃料。这样热乎乎的庄炉既可焐手，又能暖被。在寒冬里，庄炉也可以烘烤衣物和小孩尿布。

2. 黛瓦

黛瓦在周庄随处可见，多用于民宅屋顶、花墙、花窗、亭台、廊轩、水榭、船棚。

周庄到处都有前朝的黛瓦，无不折射出周庄先人们精湛的传统工艺。

周庄陆地平均高出海平面 3.2 米，其土质分黄泥土、青泥土、乌泥土、青紫土等。其中近百分之九十的黄泥土性黏似糯米粉，细腻柔和，是制作黛瓦的上好材料。

周庄人将黄泥土几经泼水、踩踏、翻弄，令其柔软如粉，用以做瓦坯。制瓦方法是先用一把尺状小泥弓切下一张长约 20 厘米、宽约 19 厘米、厚约 1 厘米的泥胎，利用瓦模做成一个圆溜溜的筒子。这个泥筒子晾干后，再用尖头小刀沿筒子内壁划出四条等分竖线，轻轻一拍，就是四片瓦坯了。瓦坯装进乌窑，经熨膛火、紧膛火等八九昼夜的文火和烈火，最后闭窑熄火，泼水冷却，黛瓦便生产出来了。

周庄的仿古青瓦是江南水乡仿古建筑不可或缺的材料，苏州网师园籁春殿用的就是周庄人制作的黛瓦。

## （三）周庄饮食

周庄有好多美食是古今中外闻名的。

### 1. 莼菜鲈鱼羹

周庄鲈鱼肉质白嫩鲜美，可以红烧，也可以煮汤。煮汤时，如果配上莼菜，那就是菜肴中的上品莼菜鲈鱼羹了，自古被誉为江南三大名菜之一。

鲈鱼体长而侧扁，一般体长为 30—40 厘米，两眼间微凹，有 4 条隆起线。口大，下颌长于上颌。吻尖，牙细小。栉鳞细小，皮层粗糙，鳞片不易脱落。体背侧为青灰色，腹侧为灰白色。体侧及背鳍鳍棘部散布着黑色斑点。随着年龄增长，斑点渐不明显。鲈鱼喜欢栖息于河口略咸的淡水中，也能生活于纯淡水中。鲈鱼生性凶猛，以鱼、虾为食。最大可长至 30—50 斤，一般为 3—5 斤。鲈鱼能健脾、补气、益肾、安胎，含蛋白质、脂肪、钙、磷、铁、铜、维生素 A 等成分。鲈鱼可用于治疗脾胃虚弱，食少体倦或气血不足，伤口久不愈合，脾虚水肿，肝肾不足，筋骨不健，胎动不安等。鲈鱼有四腮、两腮之别，周庄鲈鱼为两腮，背上没有刺戟，肉无芒刺，历来为人所称道。

莼菜是属于睡莲科的一种水草，有红梗、青梗之分。叶片浮于水面，呈椭圆形，较滑嫩，叶背有胶状透明物。莼菜为国家 I 级重点保护野生植物，由国务院于 1999 年 8 月 4 日批准。黄河以南所有沼泽池塘都有莼菜生长，尤以江苏太湖、周庄南湖以及杭州西湖等地生产为多。采摘尚未露出水面的嫩叶食用，是一种地方名菜，也可作药用。当年，乾隆皇帝下江南时，席上必以莼菜调羹进餐，并派人定期运回宫廷食用。莼菜调羹作汤，清香浓郁，被视为席上珍品。三四月间莼菜花盛开时节，正是鲈鱼最肥的时候。周庄人将莼菜制成罐头，一年四季都可以品尝。

### 2. 白蚬汤

白蚬是软体动物，也称"扁螺"，形状像心脏，介壳表面为暗褐色，有轮状

周
庄

纹，栖息在淡水软泥中。白蚬的肉可以食用，其壳可以入药。

南风吹时，白蚬最肥，洗净煮沸，放进调料，乳白色的蚬子汤鲜美可口，营养丰富。蚬肉也可用于炒菜，是物美价廉的菜肴。

俗话说："稻熟螺蛳麦熟蚬。"每年农历四月麦熟时，是白蚬上市的季节。由于白蚬含有丰富的高蛋白，深受国外客商欢迎。现在，周庄白蚬江所产白蚬已批量出口。日本人在喝蚬子汤时，往往放些牛奶一起喝。也有的日本人将蚬肉剔出后，蘸糖、醋等调料食用。

3. 万三蹄

周庄民间流传一句话："家有筵席，必有酥蹄。"这酥蹄指的就是万三蹄。万三蹄是沈万三家招待贵宾的必备菜。经数百年的流传，万三蹄已经成为周庄人年节和婚宴中的主菜了。万三蹄于 1995 年夺得苏州市名牌产品的桂冠，1996 年分别荣获上海国际食品博览会优质产品奖和首届中国消费者信得过产品博览会金奖。

万三蹄用料考究，以精选的肥瘦适中的猪后腿为原料，加入调好的配料，用大号沙锅加水煨煮，经过一天一夜，火候要数旺数文，以文火为主。煮熟的整只万三蹄皮色酱红，香气四溢。

万三蹄吃法别具一格，要在两根贯穿整只猪蹄的长骨中轻轻抽出一根细骨，然后以骨为刀，切肉而食。抽出细骨后，蹄的形状丝毫不变。万三蹄肉质酥烂，入口即化，肥而不腻，皮肥肉鲜，滋味极美。万三食品厂生产的真空包装的万三蹄十分受人青睐，常年供不应求。

4. 童子黄瓜

童子黄瓜属酱菜，脆而清香，甜而不腻。童子黄瓜呈翡翠绿，透明，因无籽，故称"童子黄瓜"。

周庄镇西吴公裕，是始创于清文宗咸丰年间的老酱号。店主为徽州人，开店不久便以自制的童子黄瓜名震四方，曾获巴拿马国际食品博览会金奖。

每年初夏，店主派专人去四乡瓜

中国古城镇

棚选购黄瓜，专挑一指粗细，上下匀称，二寸来长，无籽的小黄瓜。

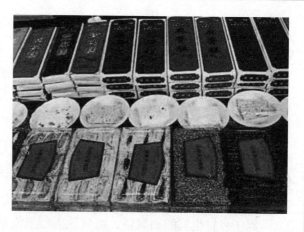

店后有作坊，小黄瓜洗净后摊开晾干，放在大缸中腌渍，放盐比一般酱瓜要少三分，并不时上下翻动，称为"倒缸"，使盐味均匀，以备装甏（瓮一类的器皿）。

与此同时，要用面粉揉成面团，切成半寸见方的小块晒干，令其放霉，称为"黄子"。

装甏时，一层黄瓜，一层黄子，铺平装实，然后封口。

吴公裕的酱黄瓜不放糖，但却有甜味。这是黄子分解出淀粉，与黄瓜自身的糖分交融而产生的甜味。

现在，童子黄瓜已经制成罐头，远销海外了。

5. 撑腰糕

每年农历二月初二，周庄人都要用糯米和粳米、红糖、果仁、松子、红枣拌和蒸成糕，称为"撑腰糕"。

这种糕松软可口，营养丰富，大补元气，增强体力。由于糕呈黄色，又称黄松糕。

周庄本地风俗，认为吃了撑腰糕以后，才能在阴雨连绵的黄梅季节中胜任割麦、莳秧、挑担等各种农活，腰杆不酸不痛，因而称为"撑腰糕"。

6. 万三糕

周庄邹氏在明初开设公茂茶食作坊，生产各种糕点，其中最为有名的是万三糕。

万三糕已有数百年历史，全用上等长粒糯米，经烘炒粉碎后，按祖传配方加料。成型后，蒸糕、烘糕讲究火候，人工刀切，从投料到成品包装先后有八道工序。

当年，每逢年节，沈万三常订购大批这种糕点，作为赠送和招待亲朋好友之用，因而人称"万三糕"。

现在，邹氏后人继承祖业，继续生产各式糕点。因用料讲究、品种众多、入口即化，深受消费者青睐，邹氏茶食作坊名声大振。

改革开放后，周庄大力发展旅游业，万三糕成了传统的旅游食品，人见人爱，最宜老人和儿童食用。

7. 十月白

周庄素有高超的酿酒工艺，所酿白酒"十月白"最负盛名。

清代，周庄曾有14家酿酒作坊，生产黄酒和白酒，其中尤以白酒最佳。

据《贞丰拟乘》记载："有生酒，名十月白，味清冽，可以久藏。"

周庄乡村也有酿酒风俗，每当秋天稻米收割时，总要用土法酿上几斗酒。

2002年，周庄旅游公司开始组建周庄十二坊，把十多种即将失传的民间手艺集中在一条街上。白酒的制作方法是先用新糯米蒸成饭，调入酒药，置于缸中。等它成为酒酿后，滤去酒糟，再加河水贮于甏中，然后将甏置于墙壁旁。一个多月后，色清味美的白酒便酿成了，人称"靠壁清"。这种白酒以农历十月所酿制的为珍品，因而人称"十月白"。

周庄十二坊之一源丰顺酒作坊生产的"十月白"大部分销往周庄大大小小的饭店、酒楼和宾馆。由于产品质量好，酒坊生意蒸蒸日上。

8. 阿婆茶

周庄民风淳朴，清澈的流水哺育出独特的水乡茶文化。

周庄人吃茶历史悠久，有吃"阿婆茶"的习俗。

周庄的"阿婆茶"在江南水乡颇有名气，人们常说未吃阿婆茶，不算真正到过周庄。吃了阿婆茶，才能品出水乡古镇的味道来。

在周庄，常见男女老少围坐一席，喝清茶，吃茶点，边吃边谈，有说有笑，其乐无穷。这种习俗自古相传至今，称为吃"阿婆茶"。

周庄人吃阿婆茶源远流长，有的人家仍然珍藏着宋代高雅古朴的茶壶、图案优美的青花瓷茶碗、细巧玲珑的茶盅和釉色光亮的茶盘。目前，镇上明清建造的徽帮茶叶栈房犹存，其中吴庆丰开设于清初，程义泰开设于清高宗乾隆年间。徽帮茶庄从产地购进毛茶，根据茶客的需求进行筛选，然后复焙和窨花，色香味俱全。

在周庄，有的老人保持着一种古老的喝茶方式，称为"炖茶"。喝炖茶的方法是在院中放一只大水缸，用以接雨水。吃茶时，将雨水舀进陶罐中，放在风炉上用树枝煮开。在密封的盖碗或紫砂茶壶中放好茶叶，先用少量沸水点入茶中，然后将盖子盖严，片刻后再冲进多量开水。这样沏好的茶清香浓郁，甘冽爽口。

人们坐在一起喝"阿婆茶"，可以交流思想，传递信息，增进友谊，有利于创建和谐社会。

周
庄

# 同　　里

　　同里镇位吴江市东北部，地处太湖之滨，京杭大运河之畔。周边大小湖荡星罗棋布，河港浜密如蛛网。镇区东临同里湖，南滨叶泽湖、南星湖，西接庞山湖（已围垦），北枕九里湖，西北襟带吴淞江，东北连通澄湖。镇内被"川"字形市河及其支流纵横分割，形成"水巷小桥多，人家尽枕河，柳桥通水市，河港入湖田"的独特景观，是江南典型的"小桥、流水、人家"的水乡古镇。

# 一、概况及文化

## （一）概况

同里建镇于北宋年间，至今已有一千多年的历史。同里，最初名为"富土"。唐代初年，因"富土"两字太显贵气、过于招摇，故改为"铜里"。北宋，又将旧名"富土"两字相叠，拆字为"同里"。此名一直沿用至今。

同里古镇于1986年对外开放，1995年被省政府列为江苏省首批历史文化名镇。现在享有"国家AAAA级旅游风景区""中国十大历史文化名镇""中国十大魅力名镇""全国首批20个国家重点公园""中国十大影视基地""国家卫生镇""中国最佳规划城市"等多项国家级荣誉称号。其核心景区退思园是全国文保单位，并被列入"世界文化遗产"名录，同里因此成为江南水乡古镇中唯一的世界文化遗产所在地。

同里小镇，得天独厚。民俗淳朴，环境优雅，水田肥沃，物产丰富，人杰地灵，四周五湖环抱（同里、九里、叶泽、南星、庞山），因此赢得"东方小威尼斯"之美誉。镇内的15条河流纵横交错，将古镇划为7个小岛，而各个岛屿又被镇内历代所建的小桥串联起来，形成了"五湖环抱于外，一镇包含于中"的奇特风景。因水、因桥，小船成了古镇人重要的交通工具，因此又有了"家家临水，户户通舟，醇正水乡，旧时江南"的水乡风情。

同里的主要特色可概括为"三多"。一是明清古建筑多，据镇志记载，自1271年—1911年，镇上先后建成宅院38处，寺、观、庙宇47座。现有绅士富豪住宅和名人故居数百处之多，如崇本堂、嘉荫堂、陈去病故居等。二是名人

志士多。同里曾是文人雅士、达官贵人的集居之地。同里的先人崇尚习文弄墨，所以学有所成的人比比皆是。自宋淳佑四年至清末，先后出过状元1人、进士42人、文武举人93人。南宋诗人叶茵是同里最早的名人之一。三是水乡小桥多。行在同里古镇，放眼是水（河），举足是桥。历代所建造型各异的小桥共40余座，其中最有名的当是"三桥"（太平桥、吉利桥和长庆桥）；最小的桥应是坐落在环翠山

庄荷花池上的独步桥；最能反映同里人勤奋好学的桥，则是普安桥；最富于神话色彩的古桥是富观桥；另有南宋诗人叶茵所建的思本桥、元代的高观桥等。

如今，"千年古镇，世界同里"又逐渐实现由传统的古镇观光游向生态游、水上游、乡村游的转变。北联油菜花节、肖甸湖森林公园的建设发展以及其他配套设施的完善将打开同里旅游的新篇章。

## （二）文化

同里历史悠久，文化底蕴深厚。同里人世代勤奋苦读，知书达理。同里教育发达，人文荟萃。根据史料记载，同里于北宋年间建镇，至今已有一千多年的历史。古代著名同里人有南宋诗人叶茵、明代画家王宠、清朝军机大臣沈桂芬、书画家陆廉夫，以及徐纯夫、莫旦、邹益、梁时、何源、计成、朱鹤龄、袁龙、陈沂震、黄增康、黄增禄、任预等。近年来，有辛亥革命的著名人士陈去病、著名教育家金松岑、中国民主促进会主席王绍鏊、文字家范烟桥、著名经济学家金国宝。另外还有严宝礼、费巩、蓝公武、冯新德、杨天骥、费以复、刘汝醴、沈善炯、冯英子等。倪瓒、顾瑛、韩奕、姚光孝、董其昌、沈德潜等也曾旅居同里。正因为有如此之多的文化名人，才创造出了同里如此厚重的文化。

依水成街、傍水成园，古镇的人文景观也深具水乡特色。自20世纪80年代以来，同里古镇陆续修复并开放了退思园、崇本堂、嘉荫堂、三桥、明清街以及"蓬莱仙境"罗星洲、"珍珠塔"、"松石悟园"、肖甸湖"森林公园"、"古风园"等大小景点共二十余处，是领略古镇风情的好去处。此外，一年一度的"同里之春"国际旅游文化节、中国同里"天元杯"围棋赛、"中国同里水乡丽人"评选等活动，极大地提升了同里古镇的旅游知名度。

目前，退思园已被列入世界文化遗产，古镇同里也正申报世界文化遗产，随着宣传力度的加强，古镇被越来越多的人所了解、熟悉，全国各大报纸均以图文并茂的形式介绍同里，影视摄制组也频频取景同里，使得这一天然的摄影棚驰名海内外，中国电影家协会也在此设立了"中国同里影视摄制基地"。

## 二、历史变迁

同里，历史悠久，源远流长。据考古挖掘的大量文物的证实，同里的历史可追溯到距今五六千年前的"崧泽文化"和"良渚文化"。早在新石器时代，就有先民在这里进行耕种、生息繁衍。优越的自然条件及地理环境，使这里成为吴江甚至整个江苏最为富有的地方，故同里最初名为"富土"。

先秦时，同里被划为会稽郡吴县，经济已较为繁荣，出现集市。

汉唐时期，同里经济日益发达，已出现闹市。唐初，因其名太奢侈，显得过于招摇，故改名为"铜里"。后梁开平三年（909 年），吴越王钱镠把吴县南部及嘉兴北部划分出来，单独设置为吴江县。此后，同里即隶属于吴江县感化乡。

宋代，将同里最初用名"富土"两字相叠，去掉头上一点，拆分为"同里"，同里由此正式建镇。同时，感化乡被撤，同里改属于范隅乡。此名一直沿用至今。

元明时，同里向江苏南部迁移。因镇内三条东西向河流成"川"字型分布，因此又称"同川"。清朝乾隆年间行政区划重新调整，合并部分村、乡。此后，同里镇域得以慢慢扩大。

元明时"易市为村"。元至正十六年（1356年），张士诚其弟士德据吴江，分兵谭道济守屯市东关，控扼秀洲、松江二要冲。明嘉靖间居民数百家，铁工过半，后居民稍增，自成市井。明代弘治元年（1488 年），屯村属吴江县久咏乡。原居同里镇中，水面数亩的放生河填塞筑屋，"亦成闹市"，称"新填地"。镇域继续向东南扩张。

宣统二年（1910 年）推行区域自治，民国元年，同里设市公所。

1980 年 10 月，同里镇、乡合并，实行镇管村体制。

中国古城镇

# 三、地方特色

## （一）地理条件

同里具有优越的地理条件，水资源相当丰富。陈从周教授曾高度评价了同里的水："同里以水名，无水无同里。"的确如此，同里周边大小湖泊星罗棋布，河港纵横交错、密如蛛网。"五湖环抱于外，一镇包含于中"，整个小镇东临同里湖，南滨叶泽湖、南星湖，西接庞山湖（已围垦），北枕九里湖，西北连吴淞江，东北连通澄湖。镇内被"川"字形的三条市河及其支流纵横分割，形成 15 个圩。沿岸"屋宇丛密，街巷逶迤"。镇内自成水网，民用水、河、桥比比皆是，形成"水巷小桥多，人家尽枕河""家家临水，户户通舟""柳桥通水市，河港入湖田"的独特风景线，是典型的"小桥、流水、人家"的江南水乡古镇。

因为水多，所以桥多。同里现有历朝历代所建造的桥共四十余座。在古镇，最古老的桥是思本桥。它建于南宋，系南宋诗人叶茵所造，距今已有七百多年，虽经风雨侵袭，至今仍岿然不动，跨越在川清水秀的河港上。古镇最有名的当属"三桥"（太平桥、吉利桥和长庆桥），三桥位于镇中心，呈三足鼎立的姿态伫立在三条小河的交汇处。另外，还有元代的高观桥、富有神话色彩的富观桥、最为小巧的独步桥等等。

## （二）风味小吃

同里属江南水乡，气候温和湿润、河港星罗棋布，因此盛产河鲜及各种水生作物。因此，其餐饮文化也具备了典型的江南特色。地道的水乡名菜和特色小吃深受众人喜欢。最有名的是状元蹄、糕里虾仁、三丝春卷、香油鳝糊和用白鱼、鲈鱼、桂鱼、甲鱼等河鲜烹制的水乡名菜。水生植物类的茭白、芹菜、莼菜、菱、藕、茨菇等，都别具地方特色。小吃方面有袜底酥、百果蜜糕、茨

同里

宝糕、青团、闵饼、猪油年糕、鸡米头、大肉馒头、酒酿饼、麦芽塌饼、小熏鱼等。

### 1. 闵饼

闵饼又名头饼，为同里颇负盛名的传统糕点，属闵家湾"本堂斋"特产，已有四百余年历史。因制作此饼的仅闵氏一家，世代相传，故称"闵饼"，是青团的一种。

闵饼以糯米粉和闵饼草等为原料制成。其制作方法颇有讲究：用石灰水浸泡闵饼草，将其煮熟、捣烂，去筋络，然后同糯米粉糅合制成皮。用豆沙、松子仁、核桃仁等作馅，做成月饼大小的饼，再上笼蒸熟即成。其色黛青墨绿，光亮细洁，入口清香，嚼之甜而不腻，清香滑糯，具有独特的江南农家风味。

明代画家沈周曾赋诗一首赞美闵饼，曰："香剂圆从范，青膏软出蒸。女工虚郑缟，土宴夺唐绫。"清代，闵饼曾被列为朝廷贡品，选送给慈禧太后品尝。

### 2. 芡实糕

芡实，俗称"鸡头米"。芡实最早见于《神农本草经》，被视为延年益寿的上品，认为其具有"补中、除暑疾、益精气、强志、令耳目聪明"等作用。它还具有"补而不峻""防燥不腻"的特点，可作药膳之用，是秋季进补的首选食物。

产自同里西北荡的芡实，被誉为"水中人参"。芡实糕因配加芡实粉而得名，是同里土特产中的极品。这种糕点口感细腻，极易消化，是一种开胃健脾的传统食品。芡实糕主要有桂花赤豆、薄荷绿豆和芝麻原味等品种，可根据个人喜好选择。

### 3. 袜底酥

袜底酥是江南一带的传统茶点之一，以其清新松脆、甜中带咸的独特风味

而深得人们喜爱。它形如袜底，一层层油酥薄如蝉翼，因此被称为"袜底酥"。相传，"袜底酥"是南宋民间效仿宫廷茶点制作而成的，至今已有数百年的历史。

"袜底酥"之所以受人欢迎，不仅在于精选的配料，其制作工艺也是相当考究。从选料、

制坯到烘烤，每一步过程都有严格标准。其制作过程主要包括油面、油酥制作两个部分。用料以面粉和猪油为主，配以糖、盐、芝麻和葱等辅料。首先用面粉、沸水和油混合制成油面，然后用油和面粉合制成油酥。油面裹着油酥，粘上芝麻、包上馅心，滚成长条，再分切成均匀的小块，将其擀成袜底的形状，生坯即可成型。最后，把它拿到饼炉里去烘烤。另外，在制作油酥时，需反复揉搓到配料均匀为止，这样烘烤出来的饼才显出薄而透明的质感，口感松脆。

### 4. 青团子

相传青团子是用雀麦草汁和入糯米一起舂合，使糯米浸入草汁成泥，以此用来包入豆沙，再用芦叶垫底入笼，蒸熟即成。明郎瑛《七修类稿》中曾记载："古人寒食，采桐杨叶，染饭青色以祭，资阳气也。今变而为青白团子，乃此义也。"

这是一种用艾草汁和入糯米粉做出来的团子，外表呈翠色，其馅心多为豆沙、枣泥或玫瑰等。由于它的颜色和青草相近，因此人们给它取名"青团子"。

其制作工艺比较简单。把刚刚摘下来的艾草洗净、捣烂并打成汁，加入少许石灰一起煮，熟后漂去苦涩味。然后配上糯米粉拌匀，揉搓，把它捏成小小的团坯。最后把它们放入蒸笼蒸熟即可。

清明时节，青团子成为江南一带扫墓用的祭物，以示祖先在世时青青（清清）白白。

### 5. 状元蹄

状元蹄又叫卤猪蹄。相传，明朝方卿因食此菜而高中状元，故为其命名为"状元蹄"。此菜非同里所独有，如"万三蹄"就属昆山周庄的一大特色。但同里"状元蹄"以其"肥肉不腻，瘦肉不柴，色泽油亮，味美适口"吸引了众多中外旅游者，只因其制法大不相同。

制作工艺较为讲究：首先，将精选的猪蹄膀洗干净，并将其一剖为二，放进开水锅内焯透，捞出置于盘中让其冷却。然后上火入油烧热，再掺入鲜汤。在烧制过程中还需掺入许多作料，如料酒、盐、酱油、鸡精、老姜、大葱、香料等。另外，烧制的火候需严格把握，不能太硬也不能太烂。

状元蹄颜色赤红，外表光润，味道醇厚，吃在嘴里软糯甜香却又不腻。

### 6. 太湖三白

"太湖三白"分别是指太湖银鱼、太湖白鱼及太湖白虾。作为食用，三者都具有味道鲜美、营养丰富、清淡可口等特点，属同里的特色食品。

太湖银鱼：因其色泽如银，故称银鱼。体长二寸余、略圆，形似玉簪。其肉质细嫩，营养丰富，味道鲜美，无鳞、无刺、无腥味，可烹制各种佳肴。宋代有"春后银鱼霜下鲈"的名句，把银鱼与鲈鱼并列为鱼中珍品。清康熙年间，银鱼曾被列为"贡品"。银鱼亦可制成鱼干，色、香、味、形，经久不变。烹制前，用水浸一下，瞬间变得柔若无骨，制成各类菜肴，亦可与鲜银鱼相媲美。据说还有美容的功效。

太湖白鱼：亦称"鲦"。其体形狭长侧扁，呈柳叶状，细骨细鳞。它是食肉性经济鱼类之一，以小鱼虾为食。目前尚未养殖，主要依靠天然捕捞。白鱼肉质细嫩，鳞下脂肪多，口感细腻，味道鲜美，是太湖一大名贵鱼类。据《吴郡志》载："白鱼出太湖者胜，民得采之，隋时入贡洛阳"，可见，白鱼的价值在古代已得以发掘，作为贡品上呈皇宫。

太湖白虾：白虾壳薄、肉嫩、味鲜美，是不可多得的美食之一。据清《太湖备考》记载的"太湖白虾甲天下，熟时色仍洁白"，可知其名来历。白虾剥虾仁出肉率高，还可加工成虾干，亦可入药，有强身健体、清热解毒等功效。白虾用于做炝虾，一般是用玻璃盅为器皿，打开玻璃盅的盖子，一只只晶莹剔透的白虾令人赏心悦目，再配上香菜等作料，简直成了不可多得的艺术品，既饱了眼福又饱了口福。

### 7. 撑腰糕

撑腰糕也是同里的一大特色食品。这种糕点，松软可口。它是用糯米、粳米、红糖、果仁、松子、红枣拌和后，制作成扁状、椭圆形，中间稍凹，如同人腰状，之后上笼屉蒸熟即成。

以前，它只在同里乡村作为一种节俗食品。每年的农历二月初二，流传着吃"撑腰糕"的习俗。据说，吃了"撑腰糕"，乡民们在接下来的一年里干农活时不会腰疼，从而就能更好地胜任地里田间的劳作。随着城乡生活水平的提高，吃"撑腰糕"的习俗也渐渐淡了。

### 8. 糕里虾仁

糕里虾仁是同里的一大特色食品。其色泽鲜艳，松香可口，而且营养丰富。其做法较为简单，将鸡蛋清调匀后加入米粉、虾仁，入锅油氽即可制成。若是佐以番茄食之，味道更佳。

### 9. 三丝鱼卷

三丝鱼卷也是同里的特色小吃。其肉质细嫩，口感细腻，清香鲜美，别具风味。

其制作过程较为复杂：选五六斤重的草鱼（也叫青鱼），将其宰杀洗净，沿脊骨切出两块鱼肉。取一块置于砧板上，把它片成数片，皮朝上平摊在砧板上，浇上兴绍酒和姜汁水，再逐片拍上干淀粉。把火腿、熟笋、香菇等切成丝。葱切成段，整齐地放在鱼片上，卷成鱼卷。取盘一只，涂上一层熟猪油，把鱼卷整齐地排在盘中，上蒸笼蒸熟取出。砂锅置中火上，入油烧热，放入葱段、姜片等，煸出香味，倒入清汤烧沸，添加各种作料，然后把它们浇在蒸熟的鱼卷上即成。

### 10. 香油鳝糊

用炒鳝丝与火腿丝、鸡丝、虾仁等配制，稍加姜丝、大葱、蒜泥等，把热油淋在上面。上桌时，薄撒胡椒、香油等，香气扑鼻，入口鲜美。

### 11. 酒酿饼

酒酿饼是同里春季里的一种时令食品。由江南特产"糟"、酒酿掺入饼中，经发酵后贴烤而成，一面晶莹剔透，色如牛奶；一面淡黄焦脆，咬一口喷香、酸甜、嫩脆，故称为"酒酿饼"。

酒酿饼有荤、素和有馅、无馅之分。品种主要有玫瑰、豆沙、薄荷等味。酒酿饼以热食为佳，特点是甜肥软韧，油润晶莹、色泽鲜艳、滋味分明。

## （三）工艺品

### 1. 书画

同里的书画作品堪称同里一绝。其主要内容以吉祥图案、人物、山水、花鸟、风景名胜为主。如刺绣，艺人以绘画作品为蓝本进行制作，绣工精细、针法灵活、图案精致、色彩雅洁，所绣作品形象生动、栩栩如生。笔墨韵味淋漓尽致，有"以针作画""巧夺天工"之称。其种类有扇画（折扇、檀香扇、绢画扇）、墙壁挂画、装饰摆画等，这些作品具有美观、典雅、返璞归真的特点，蕴涵着人与自然的和谐共存，实为不可多得的旅游纪念品及具有观赏收藏价值的精品。

### 2. 雕刻

雕刻也是同里的民间传统工艺，主要以微雕、石雕、根雕三种类型为主。在同里经常可以见到。

其中，微雕被赞为"绝技"。它是一种以微小精细见长的雕刻技法。它的工艺相当精细，"功夫愈精，价值也愈高"。这种艺术是要求在非常细小的材质上进行作业的，如在米粒大小的象牙片、竹片或头发等细小物件上镌刻出极细微的书画、人物或诗词等。因其作业面积非常小，所以特别讲究选材，其材质要求绝对精纯，容不得有半点损伤或是裂纹。微雕也是十分讲究画面和章法的艺术，因此雕刻师们要有很好的艺术功底。另外，它所用的刀也很特殊，极其尖细而锋利。石雕，是指在石块上雕刻出各种图案、文字等，通常也指用石块雕刻成的雕塑工艺品。其数量及种类都相当多。根雕，是以树根（包括树身、树瘤、竹根等）为艺术创作对象，通过构思立意、艺术加工等，创作出人物、动物、器物等艺术形象。根雕艺术是把自然美与人的创造性相结合的一种艺术。在根雕创作中，应更多地利用材质的自然形态来表现艺术形象，少部分进行艺人的创意来进行加工、修饰。因此，根雕又被称为"根的艺术"或"根艺"。

### 3. 烫画

烫画，把特制的铁笔（俗称烙铁）烧热后，在扇骨、梳篦、纸帛、竹木家

具等物件上面烫出的工艺画，因此也叫"火笔画""火烙画""烙花"。烫画内容多为中国传统山水、人物、动植物、历史典故等。在烙绘时也可进行润色、烫刻、细描和烘晕。

烫画根据所用材质主要可分为木板烫画、竹烫画（烙花筷）、树皮烫画、纸烫画、布烫画、檀香烫画、葫芦烫画等。

中国古城镇

4. 剪纸

剪纸又叫刻纸、窗花或剪画，是最为普及的民间装饰艺术之一。它同时也属于一种镂空艺术，在视觉上给人以艺术享受，它所使用的材质主要有纸张、金银箔、树皮、树叶、布、皮、革等片状材料。这些材料容易取得、成本低廉，而做出

的剪纸又形象生动，既可作实用物，又可美化生活，因此普遍受到人们欢迎。

剪纸制作，主要有剪子铰、刀刻、手撕三种方式。

剪——直接用剪刀把纸剪成事先所设计好的图案。

刻——经刀刻、粘贴、揭离、修整而成。其优点是一次可以刻透多层。

撕——用指甲代刀，但线条稍显不齐整。

同里剪纸具有各地剪纸的共性，同时又具有纤秀细密、灵活多样、栩栩如生等特点。

5. 水晶内画

顾名思义，水晶内画指的就是在水晶容器或其他透明容器内壁反手作画，而人们从外部观赏。首先要先用水晶、茶晶、麻晶、人造水晶或其他透明材料等制作出素坯，等将其内磨砂，再用勾状的笔，在口小如豆的瓶内反手作画。过程较为简单，可至关重要的是，艺人的艺术功底要扎实，而且在作画的过程中须全神贯注、发力于腕，行气于笔。作画内容往往是山水、人物或动物。

产品主要是内画鼻烟壶。内画鼻烟壶脱离了盛烟的功能而成为专门供人欣赏的艺术品。中国内画鼻烟壶发展至今已有四百余年的历史，它是中国艺术的缩影，集中外绘画、书法、雕塑、镶嵌以及玉石、瓷器、漆器、珐琅、金属等工艺于一体。其选材丰富、造型多样、制作精细、玲珑精致，令人爱不释手。

# 四、活动

## （一）节庆活动

常言道"千里不同风，百里不同俗"，同样的古镇，不一样的风情。同里也有许多自己独特的民俗节庆活动。

1. 正月初一点罗汉

点罗汉是同里世代相传下来的民间风俗，增添了节日的吉祥气氛。每年农历的正月初一至初五，四乡八邻的善男信女争先恐后地赶到坐落于古镇西南的"南观"去点罗汉，以祈求四季平安。

到了晚上，近郊几个村庄便联合起来出夜会，龙灯随着锣鼓翩翩起舞，其景色很是壮观别致。还有一些村子则串马灯、串花篮、舞狮子，同样热闹非凡，其中以蒋家浜的独狮子最为有名。

2. 三月廿八朱天会

这是民间自发组织纪念明朝末代皇帝朱由检的活动，最初只是明朝灭亡后一些遗老遗少发起的一种具有宗教形式的反清组织。世代相传，至今已成为一种喜庆的节日习俗。在同里很多年轻人都不知其来历，所以参加活动的大部分以老婆婆为主，民间又称"三月廿八轧老太婆"。活动内容主要是"坐蒲凳，吃素斋"，据说吃了素菜可以身体健康，百无禁忌。

3. 四月十四神仙会

每年的农历四月十四日，是苏州城一个相当重要的传统节日"轧神仙"。这一天，人们要到神仙庙去"轧神仙"。这个"轧"是挤来挤去的意思。轧神仙原

先只是民间宗教活动，后来变为一年一度的盛大庙会。传说这一天是八仙之一的吕洞宾的生日，他会在这天化作凡人，到人间来点化世人。因此，大家都要到神仙庙去挤一挤，希望"轧"到神仙，沾点仙气，以期在接下来的一年内可以好运连连，幸福安康。

在这特殊的节日里，同里除逛庙会外，另有当地的特色。主要活动内容还有踩高跷、蚌壳精、荡河船等。队伍很长，最后还有一批善男信女穿着罪衣、罪裙以表示赎罪。

4. 五月端午竞龙舟

"五月五，是端阳。门插艾，香满堂。吃粽子，撒白糖。龙舟下水喜洋洋……"端阳即端午，是我国的传统节日。在这天，人们往往会有很多活动，吃粽子、喝雄黄酒、赛龙舟、门前插上艾草等。

端午竞龙舟是端午节的一项重要活动，在很多地方都盛行，尤其是在我国南方。同里地处江南水乡，水域辽阔，此项活动最为热闹。而所谓的龙舟只是在农家木船的两舷扎一些简单的彩绸，同时插上一些各色小旗和彩纸做的花朵，船头左右条挂一个大彩球。比赛规则是：在规定距离内，同时起航，以到达终点先后来决定名次。比赛时除鼓队在船的头舱里助威外，留在船上的全是青壮年，而老人孩子妇女都得上岸观看。

据说，赛龙舟是为了纪念屈原大夫而兴起的，而我们都知道，屈原是我国古代最具爱国主义精神的代表人物。因此，赛龙舟不仅是一项强身健体的娱乐活动，更能体现出人们心中的爱国主义和集体主义精神。

5. 六月廿三闸水龙

这项活动是古镇同里的一大特色。它实际上就是一年一度的消防比赛，分机动和人力发射两种。到了农历六月廿三这一天，周边村镇的人们都要赶到同里观看这项活动。活动地点是由大庙向西，一直排到渡船桥埂，越向西河面越开阔。拿水龙头者一起将龙头向人群发射，把看热闹的人群洒得浑身湿透。河面上水龙腾空，雾气弥散，场面非常壮观。

6. 七月三十烧地香、放水灯

农历七月三十是地藏菩萨的生日，也是一个宗教的节日，名为"地藏节"。这天黄昏时分，每家每户都要在自家的门口、庭院四角或围墙下地面遍插棒香，同时点燃，叫做"烧地头香"，俗称"烧狗矢香"。也可以一支一支地分插在地上，俗称"狗道场"。

"烧地香"结束后开始放水灯。放水灯在吴江地区仅同里一地所有。水灯，就是用牛皮纸制成的圆形有底的灯盏，中间放一只用泥制成后晒干的鸭脚，中有小孔，可安放灯草，然后往灯盏里加菜油。放灯的时候，前面一只船上由僧人演奏佛教音乐，后面一只船则专门把油纸灯内的灯草点着，然后慢慢放到水面上。就这样一边奏乐一边放水灯，不到一个时辰，整个同里镇内的河面上都亮起了水灯，一闪一闪的，犹如满天星斗落入河中，景色十分壮观。

### 7. 八月初七、初八铜铜鼓

这实际上就是女儿节，农村里当年结婚的妇女，在八月初七、初八两天里可以回娘家和父母、兄弟姐妹团聚。因为过了这两天农村就要开始秋收大忙了，也就不能再走亲访友了。在这两天，同里镇上也会热闹一番，附近集镇的小商贩都会集结到"北观"和新真街，参与拉洋片、套泥人、浪马戏等活动，人山人海，热闹非凡。

### 8. 八月十五中秋节

中秋节是我国的传统节日，农历八月十五日，在一年秋季的八月中旬，故称"中秋节"，又名"仲秋节""八月节"，又因其有祈求团圆之意，故又称"团圆节"。中秋节与春节、端午节、清明节并称为中国汉族的四大传统节日。

同里人同样非常看重此节。这一天，家家户户都要供斗吃月饼。斗以线香制成，把榫置于斗中，中有一塔形柱香。当天，香烛店专门有香斗供顾客挑选。供斗一般在黄昏时分开始，供斗时除供月饼外，还要备上其他各色果品，如菱、藕、橘子等。至半夜时分将香斗移于庭中焚化。之后，一家人才开始围桌吃月饼、赏月亮。

### 9. 十二月廿四小年夜

这个节日在我国某些地方流行，尤其是乡村。古镇同里人也比较重视。这一天，同里人要先进行一年一度的大扫除和做团子。首先是用稻草跟竹竿扎一

个长长的扫把，用它来掸屋梁上、墙砖上、橡子上、柱子上等屋子高处的灰尘。掸完后，再刷台子、抹桌子、清洗家具及厨房用具等。最后，清扫地面，把屋里屋外打扫干净。接着，就是做团子了。团子馅有鲜肉、豆沙、萝卜丝等很多种类，在农村还有一种团子俗称"稻稞团"，个头特别大，并用它上供灶君皇帝，祈求明年五谷丰收。

相传，稻稞团有多大，明年水稻发棵也就有多大，因此这种团子后来越做越大，大到一个团子可供几个人当早餐吃。

**10. 十二月廿八做年糕**

这一天离除夕仅仅两天时间，人们往往是最忙的。古镇同里的这一天也不例外，独具特色的是，同里人在这天有做年糕的习俗。年糕品种很多，有白糖桂花年糕、玫瑰猪油年糕、赤糖年糕等。每家每户所做年糕的数量也比较多，一般都要吃到来年正月十五。

**11. 十二月三十年夜饭**

除夕，是一年的最后一天，一般是农历的十二月三十日，所以也叫"年三十"，它象征着旧的一年就要过去了，所以也叫"岁除"。它又是春节的前一天，因此又有"辞旧迎新"之说，象征着新的一年将要到来。

除夕对中国人来说是极为重要的，同里人也不例外。这一天人们把所有的烦恼都抛在了脑后，准备除旧迎新。辛苦了一年的同里人，此时准备好丰盛的年夜饭，餐桌上都会摆得满满的，有红烧猪蹄猪腿、大鱼大肉、八宝鸭、白斩鸡等等，然后尽情地吃喝玩乐。之后是准备压岁钱，接着是吃点心守岁。当新年的钟声敲响，新的一年开始了，家家户户争先恐后贴春联、放鞭炮。鞭炮的喜庆气息把古镇笼罩在一片祥和温馨的气氛中。

新的一天开始了，新的一年也开始了。

**（二）地方特色活动**

**1. 走三桥**

江南水乡水多桥也多，同里的桥最为有名，尤其是"三桥"，它们给古镇带来了不少欢乐和希望。"三桥"是指太平桥、吉利桥和长庆桥。

同里人偏爱"走三桥"。每逢婚嫁喜庆，在欢快的鼓乐鞭炮声中，喜气洋洋绕行三桥，口中长长地念一声"太平吉利长庆"！沿街居民纷纷出户观望，上街道喜祝贺；凡逢老人六十六岁生日，午餐后必定也去"走三桥"，以图吉利安康。

"走三桥"的习俗，形成于哪一年现在已难以考证，但"三桥"在同里人的心目中，象征着吉祥和幸福。随着时代的进步，"走三桥"也同样被赋予了新的内涵。

走过太平桥，一年四季身体好；走过吉利桥，生意兴隆步步高（亦云：官运亨通步步高）；走过长庆桥，青春长驻永不老。

民间还流传着不同年龄人"走三桥"的谚语：小巴戏（即指孩童），走三桥，读书聪明，成绩年年好；小姑娘，走三桥，天生丽质，越长越苗条；小伙子，走三桥，平步青云，前程无限好；老年人，走三桥，鹤发童颜，寿比南山高；新郎新娘走三桥，心心相印，白首同偕老。

可见，"三桥"不只给古镇人带来了方便，更为他们带来了喜庆和希望，是同里一道不可替代的风景线。

2. 打莲厢

"莲厢"也称"霸王鞭""花棍"，是主要流传于江南一带的一种民间自制乐器。它一般选用长约一米、内径为两厘米左右的竹筒制成，艺人们在两端镂成三个圆孔，然后从两端起每隔十厘米左右就在竹筒上打一个穿通的孔，接着在孔中各嵌数个铜钱（孔稍大于铜钱，能摇响铜钱即可），涂以彩漆，并用螺丝螺帽固定住，同时在此处系上花穗彩绸。

而所谓的打莲厢就是艺人们手持莲厢，和着乐曲按照各种方法用莲厢拍打自己的手脚、胳膊、肩腿等。可由数人、数十人乃至上百人参加。舞动时，莲厢内的铜钱会因此发出悦耳的声响，五彩的绸带也上下翻飞，煞是好看。"打莲厢"的人还配以说唱，唱词多据民间唱本，其曲调多引用越剧里的"莲花落"，以"莲呀莲花落"作为开场，内容包括抒情、说趣事或讽刺现实等。

解放前，"打莲厢"是农民遇到灾年外出逃荒，为讨饭谋生而采用的一种

歌舞表演方式。解放后，"打莲厢"作为一种民间舞蹈成为了一种大众娱乐方式。初时的莲厢艺人均为男子，身穿白衣白裤，在庙会及重大活动中表演。随着男女平等思想的兴起，演变至今，打莲厢不再是男子的专利，许多女子也加入其中。妇女们时常身穿蓝布印花衣衫，头包蓝布碎花头巾，在各种喜庆场所及重大节日里翩翩起舞。

中国古城镇

# 五、游在同里

在同里最为出名的景点是"一园、两堂、三桥"，都具有古色古香的造型特色。"一园"是指江南名园退思园，此园在不大的面积里精巧安排，使得小小的园林给人一种移步换景千变万化的感觉。"两堂"指的是崇本堂、嘉荫堂。"三桥"指的是太平桥、吉利桥和长庆桥。

## （一）退思园

退思园建于清光绪十一年至十三年（1885-1887年），共历时两年建成。此园占地仅九亩八分，精巧构思，既简朴无华，又素静淡雅，深具晚清江南水乡园林的建筑风格。园主任兰生，字畹香，号南云。退思园的设计者袁龙，字东篱，诗文书画皆通。光绪十年（1884年），内阁学士周德润弹劾任兰生贪赃枉法，以权谋私。此后，虽经查实，未有此事。任兰生依然"解甲"归于故里——同里。他落职归乡的第一件事就是花费十万两银子造宅园。取《左传》"进思尽忠，退思补过"之意，为其命名"退思"。其弟任艾生哭兄诗亦有"题取退思期补过，平泉草木漫同看"之句。可见园主的本意是在"补过"。

退思园具有江南水乡园林的共性，亭、台、楼、阁、廊、坊、桥、榭、厅、堂、房、轩一应俱全。它以池为中心，所有建筑如浮水面，格局紧凑自然。再以四时景色点缀期间，带有清幽、明净的气息。退思园又具有自身的独特风格。受地形所制，建筑格局突破常规，改纵向为横向，自西向东，西为宅，中为庭，东为园。这在苏州私家园林中，是一个特例。

宅分外宅和内宅。外宅有轿厅、花厅、正厅三进。轿厅、花厅为接待一般客人及停轿所用。若有贵宾来临或遇祭祖、婚庆等重大典礼时，则用正厅，以示隆重。正厅两侧原有"钦赐内阁学士""凤颍六泗兵备道""肃静""回避"四块执事牌，重门洞开，庄重肃穆，令人望而却步。

内宅是园主与家眷起居之所在。建有南北两幢楼，以园主字号名为"畹香楼"。楼与楼之间由双重回廊贯通，俗称"走马楼"，为江南之冠。回廊东西两侧各设楼梯，雨天不走水路，晴天又可遮阳，又为主仆上下时提供避让之地。"畹香楼"下另设有数间下房，专供仆人居住。内宅又是园主藏宝重地，因此内宅两侧石库门均用清水方砖砌成，以防火防盗。据说，在同里的明清建筑中，仅此两扇砖木结构的封火门尚属原物，其他地方的基本上为近世所复制而成。

中庭是西宅向东园的过渡。庭院中植有树木、花草，显得非常清新、古朴而幽静。庭中旱船，船头面对"云烟锁钥"月洞门。旱船又与南北两侧的坐春望月楼、揽胜阁、迎宾居、岁寒居等厅楼建筑相形错落。登上坐春望月楼可四季赏月，吟诗作赋，也可踏月赏花。楼之东侧为揽胜阁。揽胜阁是一座不规则五角形楼阁，与坐春望月楼相通。此楼居高临下，可一揽东园佳境，宅中女眷，足不出户，就可饱览园中景色。这在江南宅第园林中独树一帜。与坐春望月楼相对的有迎宾居、岁寒居。园主当年曾在此以文会友，陶冶性情。岁寒居适于冬日赏景，风雪之时，三五好友围炉品茗。透过居室花窗，可见潇洒清幽的腊梅、挺拔坚毅的苍松、清骨神秀的翠竹，一幅天然的"岁寒三友图"，从中亦能悟得雪压青松之韵，听得翠竹敲窗之音，静中有动，声情并茂。

岁寒居正背退闲小筑与云烟锁钥月洞门。"退闲小筑"四字为同里书画家徐穆如所题，月洞门上"云烟锁钥"四字虽已模糊，但月洞门内却别有一番风情景致。

退思园的花园以水为中心，建筑、假山沿水边布置，建筑多贴水而筑，突出了水面的汪洋之势，故有"贴水园"的美称。

退思草堂古朴素雅、稳重气派，为全园之主景。退思草堂坐北朝南，隔池与菰雨生凉、天桥、辛台和闹红一舸相对。与草堂相连的是环水池而筑的"九曲回廊"。

由曲廊往南是退思园中最富动感的"闹红一舸"。它其实是一船舫形建筑，立于池中，船身由湖石托起，一半浸入湖水，外舱紧贴水面。水流经湖石孔桥，发出潺潺之声，好似船正在航行。船头红鱼游动，点明"闹红"之意境。

菰雨生凉轩与天桥，堪称园中一绝。菰雨

中国古城镇

生凉轩内阴湿凉爽；天桥，上为桥，下为廊，前后贯通，八面来风。这两处都是盛夏消暑纳凉的最佳处所。

退思园集清代园林之长，小巧精致，清淡雅宜，亭台掩映，趣味横生，堪称江南古典园林的经典之作。园林学家陈从周称退思园为"贴水园"，孔子曰："智者乐水，仁者乐山。"退思园以其深刻的文化内涵，连接同里源远流长的历史，给人以退想和启迪。

退思园1988年被列为江苏省文物保护单位。1998年被国家建设部、文物局列入《世界遗产——苏州古典园林》增补名单。2001年6月25日，退思园作为清代古建筑，被国务院批准列入第五批全国重点文物保护单位名单。同年，退思园被列为世界文化遗产。退思园是江南水乡所有古镇中的第一个世界遗产。

1986年，美国纽约市在该市斯坦顿岛植物园内，以退思园为蓝本，建造了一座面积3850平方英尺的庭园，取名"退思庄"。小小退思园影响之深远由此可见一斑。

## （二）嘉荫堂

嘉荫堂是同里著名的"两堂"之一。共四进，位于竹行街尤家弄口，建于1922年，旧称"柳宅"。堂主为柳炳南，与著名爱国诗人柳亚子先生同宗，原为北库人，先于芦墟开设油坊，发迹后迁至同里，共耗白银二万两来营建宅第。

嘉荫堂的正门采用石库门式的墙门，其墙面所用原料比较细腻又用经过水磨加工的细清水砖砌成，并上施灰浆，整洁光亮。

堂内各处建筑，雕刻十分精细，有一定艺术价值。主建筑嘉荫堂，仿明代风格，因梁头棹木好似明代官帽的帽翅，故又称"纱帽厅"。该庭院高大宽敞，肃穆庄重。五架梁两侧中心刻有"八骏图"，梁两端刻有"凤穿牡丹"。梁底则刻有"称心如意""必定高中"等图案。更为罕见的是"纱帽翅"（即梁头棹木）上刻有《三国演义》中的"古城会""三英战吕布"等八幅戏文透雕，形象逼真，呼之欲出。这组透雕已被《中国戏曲志·苏州分卷》收录。

衍庆楼即内宅堂楼。门楼上枋刻有"暗八仙"浅浮雕，下枋一块玉中心刻有"福禄寿"三星的深浮雕，字牌上刻着"厚道传家"四个大字。移步衍庆楼内，一幅幅惟妙惟肖、栩栩如生的名人轶事木雕，历历在目，观者无不为之倾倒。位于衍庆楼西北隅还有一座"水秀阁"，小阁临水而筑，小巧玲珑。置身其中，近可闻风声、水声、鸟叫声，远可观小桥驳岸，老树苍翠，是一个修身养性的好处所。

### （三）崇本堂

崇本堂也是同里著名的"二堂"之一。位于富观街长庆桥北面，坐北朝南，临水而筑，东与嘉荫堂隔河相望，西与"三桥"相连。此堂系1911年购买顾氏"西宅别业"的部分旧宅翻建而成，堂主钱幼琴。

整个建筑群体沿中轴线向纵深发展，共五进25间，由门厅、正厅、前楼、后楼、厨房等组成，宅内建筑占地虽不足一亩，体量也不大，却显得精致、紧凑而自然。崇本堂最吸引人的，要数它的各种雕刻，其精湛的技艺和深刻的内涵，都称得上是一笔宝贵的财富。

进入庭院，只见砖雕门楼面北而立，门楼上方设置了仿木结构的飞椽斗拱，拱眼板上刻有夔龙细纹。门楼的字牌上端庄有力地写着"崇德思本"四个字，两侧各有一幅人物山水画。

崇本堂自正厅至内宅堂楼共三进，里面有木雕一百多幅，内容各不相同，画面简洁明快，构图生动活泼，是非常难得的艺术品。正厅居中置六扇长窗，长窗裙板上除刻有"花卉博古"图、聚宝盆（寓意招财进宝）、牡丹和瓶子（象征富贵平安）外，所有窗的腰板上刻着《西厢记》的故事，包括从张生游殿到十里长亭送别，共有14幅之多。前楼底层长窗的腰板上刻有"红楼梦十二金

钗"图，有"黛玉荷锄葬花""宝钗执扇扑蝶""湘云醉卧芍药""妙玉月下赏梅""元春奉命省亲""探春含泪远嫁"等，这些浅浮雕精工细作，栩栩如生。后楼是崇本堂雕刻的精华所在，共有木雕58幅，而且形象活泼生动。

崇本堂的建筑设计颇为科学，正厅与堂楼之间均有封火墙隔断，门楼与过道两侧设有天井。这种结构融入了现代科学理念，既可通风又可采光，既能泻水

中国古城镇

又能防火，是建筑设计中一个不可忽视的重要环节。

### （四）三桥

"三桥"指太平桥、吉利桥和长庆桥，它们既小巧玲珑又古朴典雅，远看如三尊精致的石雕，是同里的桥中之宝。三桥位于镇中心，呈三足鼎立的姿态伫立在三条小河的交汇处。

太平桥建于清乾隆十二年(1747 年)，它跨于东柳、漆字两圩。桥为梁式，小巧玲珑。桥上有联一副，曰："永济南北太平路，落成嘉庆廿三年。"吉利桥于 1988 年由同里镇政府拨款重建，桥为半月形拱桥，处太平、长庆两桥之间。桥之南北两侧都有桥联，南侧一联："浅渚波光云影，小桥流水江村。"北侧一联："吉利桥横形半月，太平桥峙映双虹"。长庆桥俗名谢家桥、福建桥，又称广利桥，1988 年在清理两侧金刚墙上的杂树时，同时对拱面建筑进行了加固整修。桥上有桥联一副，曰："公解囊金成利济，好留柱石待标题。"是明代陈镛、谢忱改建。

碧水映古桥，绿树藏娇影，很是一片迷人的景色。沿河青石驳岸，岸边和欢、女贞临波倒映，两岸筑有花石栏，河中船来船往，双双对对；桥上人来人往，笑语声声。人在其中烦恼尽消，这里已成为古镇一道独特的风景。

伴随着三桥最精彩动人的依然是同里人代代相传已延续多年的"走三桥"风俗。每逢喜庆，人们要在欢快的鼓乐鞭炮声中，喜洋洋地绕着三桥走过一圈。同里人历来看重"走三桥"，把太平、吉利、长庆三座桥看做是消灾消难、吉祥幸福的象征。

### （五）珍珠塔

珍珠塔，原址为明代嘉靖年间南京道监察御史陈王道的府第。它是根据在江南民间广为流传的"珍珠塔"故事中的轶闻趣事以及遗留的历史遗迹进行开发修复的。

新修复的珍珠塔园，由仪门、轿厅、宏略堂、堂楼（陈翠娥小姐绣楼）、书

同里

楼、花厅（玉兰堂）、茹古斋以及备弄、厨房等建筑群和船坞组成。

珠塔景点群就是在保留现有的文物遗迹和人文历史内涵的同时，在吸取苏州园林精华的基础上，从空间组织和景观安排上形成了自己鲜明的个性。它充分利用江南水乡的优势，将"珍珠塔"故事中的景点名称予以恢复，因此更具有古典浪漫主义和传奇色彩，再现了吴地文化丰富的内涵。

珍珠塔的故事源于同里，源远相传。方卿在这里见姑妈，翠娥在这里赠塔，陈王道嫁女的史实也确有其事。陈翠娥不弃贫贱，忠于爱情，赠塔许愿，与方卿结为夫妇。故事经艺术的想象、塑造、夸张，人物形象描写得淋漓尽致。

珍珠塔的故事要从方家说起。方氏夫人家住原屯村小湘村，在九里湖之南，现有方氏居民十多户。到了《珍珠塔》书中，方氏却成了湖南襄阳人氏。"湖南"即九里湖南岸之意，"襄阳"则从小湘的"湘"字谐音而出，作者有意以讹传讹而已。从小湘出发，坐船绕九里湖一角，经过"白云庵"，过富观桥就可抵同里陈家牌楼，进陈氏家祠。这"白云庵"过去确有尼姑修行。方氏千里寻儿无着，欲自寻短见，被尼姑搭救，暂作栖身之地。同里镇西郊，有座小土山，原有一亭，四周栽种九棵青松，故名"九松亭"。从同里至吴江县城，九松亭是必经之地。方卿受姑母羞辱，一气之下，不辞而出陈府。陈御史得悉，跨马追踪，到九松亭相遇，对方卿亲口许婚，连九棵松树也"点头"称许。

方卿后来中了状元，皇封七省巡按大人。《珍珠塔》中说方卿唱道情羞姑，"头顶香炉，脚踏莲花，九跪三叩"。但作为晚辈也太过分，据传方卿仅活36岁就夭折了。传统锡剧《珍珠塔》中方卿不听表姐翠娥再三劝阻，执意去兰云堂借唱道情恣意羞辱姑母时，陈翠娥心情异常沉重，斥责方卿不该挟嫌报复，并晓以大义。陈翠娥的一段唱词："不容人者人不容，不尊人者人不尊。到头来得了金印失人心，众叛亲离怎立身？"使陈翠娥美丽贤淑、重情识理的大家闺秀形象更为动人，同时也使方卿深受感动，特意在"尾声"中手托乌纱帽，跪地请罪，塑造了方卿"穷不失志，富不癫狂"的形象。

## （六）陈家牌楼

陈家牌楼是古镇一处标志性建筑。位于同里镇北的富观桥与永安桥之间，是明万历年间，为表彰

中
国
古
城
镇

南京道监察御史陈王道为官清正、政绩卓著而建，现仅
存五开间大厅及陈翠娥书楼部分遗迹。

　　此牌楼用四根直径一尺左右的方形石柱支撑。牌坊
上方为楠木结构，坊上飞檐翘角，正中匾额上刻有"清
朝侍御"四个大字，下面额板上也刻有："大明万历庚
辰为南京道监察御史陈王道立"字样。在许多木架上还
雕刻了各种栩栩如生的飞禽走兽，牌楼后则是陈王道的
故居，内有陈氏家祠、孚寄堂和陈彩娥书楼等。牌坊前还有一对大青石狮子，
十分威严。

　　陈家牌楼历史的痕迹被磨损，但历史是抹不去的。据《同里志》记载，陈
王道，字孟甫，号浩庵，为明嘉靖四十四年（1565年）进士，授靳县知县，又
补阳信，皆以才、廉闻名于地方，后擢升为南京监察御史。相传南都贡院的号
房，一向只用芦席遮盖，一到刮风下雨时节，士子们都不堪忍受，于是他向朝
廷奏请，以瓦换芦，故深受士子爱戴。

### （七）南园茶社

　　南园茶社旧名"福安茶馆"，因陈去病、柳亚子曾为成立"南社"之事在此
商讨，于是，被后人改称"南园茶社"。它建于清朝末年，位于同里镇区最南
端，是古镇历史上著名的前八景之一"南市晓烟"的原址，与陈去病故居隔河
相望。

　　南园茶社卧于水上，共四开间门面，全部为传统的砖木结构，门面是清代
风格的木雕装饰，上下两层，总面积约400多平方米。楼下辅面店堂设有账房
和泡水用的"老虎灶"；楼上还有一个"曲苑班"，茶客可聆听几段江南丝竹、
宣卷、评弹、戏曲、小调等曲子。

　　此茶社自有一套经营之道。除了在这里可以品尝不同档次的红茶、绿茶、
花茶外，还供应熏青豆、萝卜干等各种茶点。茶楼的服务员都着明清服饰，别
有一番韵致。

　　在这里，除了茶香、景美，还可以领略到古镇的人文历史，实不愧"江南
第一茶楼"之称谓。

### (八) 罗星洲

　　罗星洲位于同里镇东同里湖入口处，是浮在湖面上的一个小岛，有"蓬莱仙境"之美誉。它同时也是一块集佛教、道教、儒教三教合一的圣地。据记载，罗星洲最早的建筑始于元代，在漫长的历史中几经损毁，清光绪年间得以大规模地重修、扩建。抗战时期，日军又一次烧毁洲上的所有建筑，使之沦为荒岛。直到1996年，同里政府再次着手重建，各庙宇及楼阁等建筑才得以恢复。

　　罗星洲四周环以长堤，四面碧水环绕，古木参天，绿荫幽深。小岛集庙宇、园林于一身，南部为园林，北部为寺庙，建筑布局紧凑。

　　现存庙宇楼阁有观音殿、城隍殿、文昌阁、听雨轩等。洲上的主体建筑是观音殿。此殿为重檐结构，气势恢弘，具有清代建筑风格。殿底层以宽阔的游廊相围，殿后建有一个小亭，殿宇的南面是一个花园。另外，因地制宜，由弧形的堤岸湾成一泓池水，水池周围有水阁、旱船、曲桥等建筑。曲折的游廊由西向东将殿宇与花园有机地加以分隔，成为烘托花园的背景。游廊地形比较高，游人置身其中，可以清楚地眺望湖面的景色。

　　罗星洲一向以烟雨景观取胜，其"罗星听雨"在历史上被列入同里二十景之一。古时候，富于诗情画意的"罗星听雨"是文人们最向往的一种享受。放眼望去，雨中的罗星洲寺庙，犹如浮在碧波上的仙境。

### (九) 陈去病故居

　　陈去病故居坐落于同里镇三元街，为清末民初砖木结构建筑，由其祖父、叔父始建于清末同治年间，因其祖辈均经营榨油业，故其建筑为前坊后宅格局，共占地1360余平方米。大门面西，门楣上方原有"孝友旧业"匾额，门内原有半亭，现已不存。宅内现存建筑有百尺楼、绿玉青瑶馆、家庙、浩歌堂、书房及下房等，共45间，为无轴线型不规则建筑。

　　浩歌堂坐北朝南，面阔三间，于1920年建成。落成之时，恰逢陈去病阅读白居易《浩歌行》，于是将此屋取名为"浩歌堂"。此堂是陈去病会客之所，堂中原悬有"女宗共仰"及"浩歌堂"横匾。其中"女宗共仰"匾是孙中山先生褒扬陈去病之母倪老夫人"鞠育教诲，以致于成"而亲笔所题写。堂中柱上有陈去病自撰的一副楹联：上联"平生服膺明季三儒之伦，沧海归来，信手抄成正气集"；下联"中年有契香山一老所作，白头老去，新居营就浩歌堂"。香山一老即指孙中山先生。

百尺楼，楼名出自秦湛《卜算子》词"极目烟中百尺楼"句，是陈去病藏书和写作的地方，一楼一底，十分简朴。他所编著的《百尺楼丛书》，即以此楼而定名。

绿玉青瑶馆又称堂楼，坐西朝东，砖木结构，五楼五底二厢房，共有13间。馆名源自倪瓒（云林）诗句"依微同里接松陵，绿玉青瑶缭复萦"。据载，此馆初建于1932年，距今已有七十多年。楣额中"绿玉青瑶馆"五个大字系近代书法家杨千里先生手书。

陈去病故居于1980年5月被列为县级文物保护单位，地方政府拨款修葺，1995年4月被列为江苏省文物保护单位。

### （十）计成故居

计成（1582—1642年），我国明代末期著名的造园专家，同里人，字无否，自号否道人。计成少年时就因擅长山水画而享有名气。属写实画派，因而喜好游历风景名胜，青年时，曾经到过北京、湖广等地。人到中年时回到江南，选择在镇江定居，从此改行造园。

他提出了应按真山形态堆垛假山的主张，并亲自动手完成了一座假山石壁工程。作品栩栩如生，他也因此闻名遐迩。他的园林代表作有在仪征县为汪士衡修建的寤园、在南京为阮大铖修建的石巢园、在扬州为郑元勋改建的影园等。他根据自身丰富的实践经验，于崇祯七年编撰成《园冶》。《园冶》总结了中国古典园林的造园艺术，对建筑及造园艺术都作出了科学的分析和系统阐述，是造园学的经典著作，被誉为"世界最古之造园书籍"，有极高的文献价值。

同
里

计成故居旧址位于同里乌金桥南侧，历经百年沧桑，如今只剩下一座颓败的大杂院。古老而斑驳的青砖外墙上，嵌着一块黑色抛光大理石，上面标识着毫不起眼的"计成故居"这四个字，字呈淡灰色。中间嵌一大门，如今也只剩了一个门框。前面是一块空地，有两排香樟树。门前两条成丁字的小河，水声叮咚，倒是一个休闲、纳凉的好处所。

1991年，园林学家陈从周来同里考察，曾提议建造"计亭"，以示纪念。如今"计亭"的建造已列入规划。

### （十一）松石悟园

松石悟园简称"悟园"，是"同里镇松屏石展馆"所在地，园名出自于收藏者张家忻夫妇的诗句："石皮弄中石破石皮呈大书，吾心静处吾悟吾心得菩提。"体现了收藏者及展馆以破译天书、感悟人生为己任的思想，故谓"悟园"。

悟园位于古镇石皮弄中，毗邻吉利、太平、长庆三桥，与珍珠塔景区仅一墙之隔。全园占地1600平方米，园内草木茂盛，竹影摇曳，水杉林荫交织，百年银杏挺拔巍峨，犹如伞盖。园景典雅清静，是一处极佳的藏石、赏石的洞天别院。

悟园里陈列着一千二百余块自然形成的松屏石板画精品，这些石头多为平面层状，大小各异，上面的纹路极具美感。这些珍贵的收藏是原铁道部工程总公司设计部部长张家忻先生及其夫人王月军女士，花三十多年苦心收集而得，同里镇政府为了永久保存这批珍贵的自然文化遗产，特意修建此展馆。

展馆内展品分天地篇、人文篇、禅意篇、警世篇、小品等五个部分，分别陈列于七个展厅之中，充分向人们展示了大自然神奇的造物力量。

### （十二）文物陈列馆

同里历史文物陈列馆，坐落于富观街35号，原为王绍鏊故居，所以也称"王绍鏊纪念馆"，现为吴江爱国主义教育基地。

该馆以文人、文物、文史为主要展览内容，展现同里古镇的历史风貌。名人馆重点收录自宋至清末以来古镇的历代状元、进士举人共 42 人的图片资料，另收录有近现代史上众多名人的图片及资料。文物馆展示一百多件在同里出土的文物，包括部分良渚时期之物。文史馆里记载了同里从太平天国到解放时期所历经的历史事件，也包括同里先辈参与历次重大活动的文字和图片情况。

### （十三）肖甸湖森林公园

该公园位于同里镇东北部。东南与著名的江南水乡古镇周庄相接，北面和南面与碧波千顷的澄湖和白蚬湖相连，地理位置十分优越，交通便利，是同里与周庄旅游线路的必经之地。

肖甸湖森林公园占地近 4000 亩（水面 2000 多亩）。目前，园内已初步建成以水杉、池杉、毛竹为主的成片林地近 500 亩。逐步开发引进了银杏、枇杷、花卉、苗木等近 200 亩。另外，还有桑田、粮田近 500 亩，鱼塘近 500 亩。园内林木茂密，多种野生动物相互嬉戏，再加以周围湖泊、农田点缀，呈现出一派古朴、自然而优雅的田园风光。如今，园内新增有假山、秋千区、烧烤区、垂钓区和茶室、凉亭等旅游设施，是人们在工作之余享受大自然的理想场所。

肖甸湖森林公园于 1998 年 5 月被江苏省农林厅批准为江苏省吴江肖甸湖森林公园，2001 年上半年又被江苏省环保厅、农林厅联合命名为省"百佳生态村"。

### （十四）耕乐堂

耕乐堂位于同里上元街陆家埭北部，始建于明代，主人为同里处士朱祥。

耕乐堂，占地 6 亩余，初建时有五进，共 52 间，屡经兴废，现尚存三进，共 41 间。堂内有园、斋、阁、榭，保持清代建筑风格。为江南典型的前宅后园布局结构，系一宅第园林。宅楼西侧可直通后园，园中置有荷花池、鸳鸯厅、环秀阁、桂花厅等特色景观建筑，荷池四周湖石镶砌，高低参差，清幽别致。

同
里

鸳鸯厅位于荷池南面，面阔三间，与环秀阁隔池相对。环秀阁跨水而筑，造型别致。从环秀阁绕假山而下，便可见桂花厅。桂花厅自成院落，院中植有金桂、银桂两株古树。

耕乐堂于1981年被列为省级太湖风景区同里八景之一。1986年7月，又被列为吴江市级文物保护单位。如今，为突出耕乐堂的文化气息，在堂内各厅、楼室都布置了根雕展览。

### （十五）静思园

静思园位于同里古镇向西3公里处的庞东村。此园为民营企业家陈金根先生所筑之私家园林，也是江南最大的私家园林。此园占地100余亩，园中建筑沿袭苏州古典园林风格，小巧别致。园内景点有鹤亭桥、小垂虹、静思堂、大香书屋、庞山草堂、苏门砖雕和盆景园、历代科学家碑廊、咏石诗廊等。其中静思堂是该园的主体建筑。

静思园中最引人入胜的便是石景。600余平方米的"奇石馆"内陈列着大量灵璧奇石，这些由数亿年前火山喷发岩浆冷却后形成的"灵璧石"，是中国最为著名和难得的奇石，石质坚硬而润泽，颜色有紫、黑、灰等，造型有神龟、飞马腾空、虎吼、狮跃等，自然造化，鬼斧神工。其中，被奇石收藏界人士叹为观止的奇石是静思园的镇园之宝——庆云峰。据考证，此为灵璧宋花石纲老坑遗物，已具有五亿年的历史。高9.1米，宽2.95米，厚2.24米，重136吨，通体有1600余孔，孔孔相通连。2001年，它以"石奇峰异"创上海大世界吉尼斯之最。如今，它已被视为静思园的标志。

静思园除石奇外，另有两大特色——水美、宅古。

静思园坐落在历来以水著称的原庞山湖址上，水面约占静思园总面积的一半。因地制宜，造园者紧紧抓住这一优势，处处临水造景，形成以水取胜的园林特色。水能增色，亦能显情，有水则有灵气。这一特色，是苏州其他几处著名的古典园林所无法相比的。

中国古城镇

静思园有许多古建筑或木架构体等都是整体搬移过来的，在静思园中重新组装复活。园中最古老的是移建于洞庭西山的"天香书屋"。始建于明代，坐落在住宅群西侧，至今已有四百余年历史。另有移建于苏州古城的住宅轿厅、大厅和楼厅，以及移建于上海的弘雅堂。除此之外，还有诸多来自安徽、苏北等地的砖刻门楼、木架构件等。它们都是各地历史的遗存，积聚了多年的沧桑汇聚于此，使静思园更显古朴优雅。

## （十六）古风园

古风园坐落在退思园北侧，屋宇呈回字结构，中部为花池、廊亭。展厅分两大部分，分别是中国古代百床展和木雕古玩展。一踏进"古风园"大门，将军门的阔绰让人颇有"侯门一入深似海"的感觉。

## （十七）明清街

此街全长 160 米，因其两旁的建筑多为明清年代所造，保持了明清时的建筑风格，故称为"明清街"。古街保存了原来的条石板路面，一路行去，各种各样的店铺比比皆是，有的售当地土特产，有的摆满了各种字画墨宝，有的挂着各种精美的工艺品，还有的正在现做现卖各种香喷喷的小吃。各色标示店名的小旗在古街上空飘荡，给人一种古风悠悠扑面的感觉。费孝通先生为古街题写的"明清遗风"四个大字，被镶嵌在古朴庄重、高高耸立的大理石门楼上，远远望去，有一种历史的沧桑感。

明清街显得宁静而恬淡，但随着社会的发展，它也在悄悄地变化，缓缓地注入着现代色彩。不管怎么样，它依然给古老的小镇带来了很多快乐与希望。

## （十八）古镇民居

同里楼宇密集，老房子很多，至今保存完好的深宅大院有四十余处。这些老房子大多保持了明清时代的建筑风格，显得古朴而典雅。它们大都临水而筑，充满了江南水乡古老文化的气息。再加上那些砖雕门楼、临水的石阶、伸向水面的小阁楼等，犹如一件件古老的艺术品，历经江南烟雨的洗涤，愈显其清秀雅致，依然魅力无穷。

砖雕是同里民宅的一大特色。一般分为绘画与书法两大类，其技法可分浮雕、深雕、透雕、堆雕等多种。现存砖雕大部分在旧宅和园林的门楼、照墙、脊梁等处，尤以大量的砖雕门楼为多。其中，以朱宅的五鹤门楼最具代表性，五只雄鹤侍立盘旋，飘逸中显露出一份优雅，此门楼堪称江南砖雕艺术之精品。

同里清幽而古朴的民居是同里一道亮丽的风景线，它散落于古镇的大街小巷，如同一颗颗珍珠，向人们展示着古镇灿烂的昨天与今天。

### （十九）影视基地

同里镇拥有得天独厚的水乡风貌，又保存了大量完整的明清古建筑，十余年来，不仅吸引了诸多海内外的游客，也吸引了大批的影视剧组。其不仅吸引了国内的影视剧组，海外剧组对其也是青睐有加。迄今为止，在同里进行过拍摄的海内外剧组有近六十家。

# 六、传说

## （一）同里名称由来的典故

据清嘉庆年间《同里志》记载，同里"唐初名铜，宋改为同。旧名富土，以其名太侈，乃析田加土为同里"。而在民间，另有一个关于"富土"改名的传说。

相传很久以前，为躲避战乱和灾荒，很多人背井离乡来到偏僻的江南小镇，垦荒种地。辛勤劳作加上风调雨顺，使得人们衣食富足，安居乐业。于是将这里命名为"富土"。谁知，隋炀帝继位后，因其骄奢淫逸，致使国库日渐亏空。有一年北旱南涝，许多地方粮食歉收，"皇粮"没了着落。于是，皇帝下旨：江南富土每人增缴三斗粮，限十天缴清，违者重罚。

富土百姓为此焦急万分。便请教镇上有名的金秀才，秀才想出了一个"一升"的主意，并做好安排。

转眼限期已到，催粮官来到富土。金秀才率众乡亲跪地迎候。催粮官便问增缴皇粮之事，金秀才从容答道："今年受灾，收成大减，难以为缴。"催粮官大怒"休得胡言！'富土'乃富有之地，焉能无粮？若不如数上缴，定要依旨重罚"。

金秀才不卑不亢，解释说："此地原叫'同里'，并非'富土'，请大人明察。"催粮官听后迷惑不解，顺着街面巡视了一大圈，见到的店铺招牌都是"同里"，而非"富土"，只好无功而返。

原来金秀才的法宝就是，教众乡亲用拆字法，将富土两字重叠，摘去"富"字头上的一点，拆田连土，便成为"同里"二字，利用文字的书写习惯躲过了这一劫。这就是"一点高升，富土变同里"。于是，此名一直沿用至今。

## （二）灵璧石的传说

任兰生落职归乡，第一件事就是大兴土木、建造退思园。

在挖建荷花池时，偶然发现池边有个直径一米的洞，从里面还发出"呼呼"之声。工人们感到害怕，不敢再挖。任兰生于是叫一些胆大的人守在池边。到了晚上，谁知从洞内爬出的是一只硕大的乌龟。乌龟刚爬出，就见大批金银财宝夹在水中也从洞内"哗哗"涌出。此事太过离奇，第二天，任兰生请来了刘道长准备作法。刘道长一进工地，就大呼："宝地也，宝地也！"任兰生问其故，道长答："此乃神龟，池有神龟，大富大贵，大人喜也！"任兰生一听，喜上心头，就赏了刘道士，神龟也就留在了池里。

两年后，园林峻工。一天，任兰生携夫人游园，突然发现神龟已经气绝身亡，这下可急坏了他，于是连夜派人去请道长。刘道长一到门口就说："大事不妙，全家人命不久矣！"任兰生忙问："可有化解之法？"刘道长说："有是有，只怕任老爷你办不到。"任兰生道："道长请说，若能救得全家性命，任某永世难忘道长恩情。"刘道长掐指一算，说："你必须找到一状似神龟、集天地灵气之石，把它置于园中，方可保全家平安。"

任兰生突然记起在安徽任上，曾听说灵璧县所产之石就集天地灵气于一身。于是，他带着仆从，策马来到灵璧县。在山上寻觅半月有余，无果。恰在此时，家中飞鸽传书，告知夫人病重，任兰生难过至极，心灰意冷，于是打道回府。路上，突然一声巨响，一块状似神龟的灵璧石跳了出来，正对着月亮，散发着金光。任兰生兴奋至极，把它带回退思园，安放在荷花池边，取名"金龟望月"，夫人的重病也不药而愈。

现在，这块灵璧石立在退思园已百余年，成为了退思园的镇园之宝。

### （三）崇本堂西厢记

清代末期，同里镇上出了个才华横溢、风流倜傥的沈秀才。

有一天，沈秀才到罗星洲去游玩，恰与前往进香的钱家小姐春花一见钟情。碍于封建礼教，两人不便私会，饱受相思之苦。几天过后，沈秀才实在控制不住对春花的思慕，就乘着月色翻过围墙，进入钱家花园。正巧，钱小姐正在花园里赏月，两人相见，促膝谈心，好不融

中国古城镇

洽，只道"相见恨晚"，于是私订终身。

第二天，沈秀才托媒至钱家提亲。可钱老爷不允，说若是要娶他女儿，必须满足两个条件：一是门当户对，要有钱财；二是春花是钱家的独生女儿，女婿需入赘，改钱姓。沈秀才没办法，只好离开。

三年后，有个年轻富有的钱姓米商，派人到钱家提亲。钱老爷听说此人生意做得很大，且与自己同姓，便满口答应下来。钱小姐十分气愤，既气父亲嫌贫爱富，又气沈秀才无情，三年来音讯全无，但又无可奈何。待到拜堂，钱小姐惊喜万分，原来新郎官正是当年的沈秀才。

后来，钱家翻建住宅，取名崇本堂。沈秀才命人把《西厢记》的故事刻在崇本堂正厅的木窗上，以纪念当年与钱小姐相会的往事。

### （四）珍珠塔的传说

这是同里流行已久的一段千年爱情佳话。主人公是陈翠娥与方卿（子文）。

明嘉靖年间，南京道监察御史陈王道做官清正，为人正直，但其妻方氏却势利无比。陈御史有一女名唤翠娥，生得如花似玉，最难得的是，与其母性格大相径庭，知书达理、端庄贤慧。方卿（子文）是陈夫人方氏之侄，家中数代为高官，因其父被参，家境没落。

正当陈御史的五十大寿，合家内外喜庆无比，各路达官贵人纷纷前来祝寿。正在热闹之际，家道中落的方卿奉母亲之命，来叩见姑父、姑母，为求借银两以度日，以便能静下心来求取功名。谁知，姑母见其落魄，感觉失了体面，于是在兰云堂将亲侄儿方卿狠狠地刁难羞辱了一番，并令丫鬟将其逐出后花园。方卿气愤之余立下誓言"不当官绝不再踏入陈府"。

陈翠娥小姐从贴身丫鬟采萍处听到这个消息，为表弟方卿深感不平，于是以赠干点心为名，将祖传之宝"珍珠塔"藏于食盒内。追至后花园，交予表弟手中，并未告知食盒之中有"珍珠塔"。方卿被表姐的诚意所打动，收下食盒。

陈御史知道方氏的行为后，狠狠数落了方氏，将兰云堂大门紧闭，并说"如要大门开，要等方卿来"。然后骑马赶至九松亭，追上方卿，力劝其回。方卿执意离开。御史惜他有志，于是将翠娥许配于他。

三年后，方卿高中状元，圣上委任为八府巡按。他乔装改扮成道童，前往陈府。在兰云堂内，方卿借唱道情之名将其姑母数落一番。最后官轿驾到，方卿重整衣冠，拜见了姑父姑母，与翠娥小姐喜结良缘，有情人终成眷属。

明嘉靖年间，南京道监察御史陈王道做官清正，为人正直，但其妻方氏却势利无比。陈御史有一女名唤翠娥，生得如花似玉，最难得的是，与其母性格大相径庭，知书达理、端庄贤慧。方卿（子文）是陈夫人方氏之侄，家中数代为高官，因其父被参，家境没落。

正当陈御史的五十大寿，合家内外喜庆无比，各路达官贵人纷纷前来祝寿。正在热闹之际，家道中落的方卿奉母亲之命，来叩见姑父、姑母，为求借银两以度日，以便能静下心来求取功名。谁知，姑母见其落魄，感觉失了体面，于是在兰云堂将亲侄儿方卿狠狠地刁难着辱了一番，并令丫鬟将其逐出后花园。方卿气愤之余立下誓言"不当官绝不再踏入陈府"。

陈翠娥小姐从贴身丫鬟采萍处听到这个消息，为表弟方卿深感不平，于是以赠干点心为名，将祖传之宝"珍珠塔"藏于食盒内。追至后花园，交予表弟手中，并未告知食盒之中有"珍珠塔"。方卿被表姐的诚意所打动，收下食盒。

陈御史知道方氏的行为后，狠狠数落了方氏，将兰云堂大门紧闭，并说"如要大门开，要等方卿来"。然后骑马赶至九松亭，追上方卿，力劝其回。方卿执意离开。御史惜他有志，于是将翠娥许配于他。

三年后，方卿高中状元，圣上委任为八府巡按。他乔装改扮成道童，前往陈府。在兰云堂内，方卿借唱道情之名将其姑母数落一番。最后官轿驾到，方卿重整衣冠，拜见了姑父姑母，与翠娥小姐喜结良缘，有情人终成眷属。

### （五）罗星洲传奇

罗星洲，俗称"芦干墩"。位于同里湖中，形似罗星，景色优美，如同仙境一般。

很久以前，罗星洲上已建有寺庙，庙前立有一石碑，由名匠雕凿，上刻"罗星洲"，乃镇庙之物。有一年，因为战乱，罗星洲被付之一炬，镇庙石碑也不知去向。

时光流逝，六十年后的一个早晨，雾气朦胧，一位渔民在罗星洲附近撒网捕鱼，可怎么拉也拉不起来。他正想松手，突然跳出来许多鲤鱼。渔民以为网中有大鱼，就叫家人一起拉网，拉起来看是一块石头。渔民垂头丧气，正想把它扔回湖里时，发现石头上有"罗星洲"字样，请人鉴定后，发现正是那块失踪六十年的镇庙石碑。镇庙石碑重见天日，古镇百姓奔走相告。"六十年风水轮流转"，这也许是佛家之真理吧。

就在这一年，同里人重修罗星洲，在修建过程中，出现了三桩奇事。一是在建造大雄宝殿正梁时，正值清明时节，阴雨连绵的天空突然放晴，架好正梁后，又下起了雨来，并有许多燕子在空中盘旋，蔚为壮观。二是观音殿开光那天，人声鼎沸，连同湖中的红鲤鱼也欢腾起来，跃出水面。三是荷花池中的陈年莲子竟然长出新荷，荷花绽放，分外妖娆。所有这一切，似乎都在庆贺罗星洲的新生。

### （六）南园茶社的由来

南园茶社原名福安茶馆，建于清末初期。"南园茶社"的更名跟清末民初同里的大名人陈去病有很大关系。

"南社"是辛亥革命时期苏州一个很有影响力的进步文学团体，由陈去病、柳亚子等人发起，于1909年11月在虎丘"冷香阁"成立。社名取"南社"，意在以"反抗北庭"为宗旨。"南社"在推行民主革命、反对专制统治方面，起过积极作用。茶社与陈去病居所隔河相望，它北面临街，东面和南面临河，古朴中透着清幽与雅致，因这独特的环境，茶社成了宣传革命思想的理想场所。

1930年，陈去病返回家乡同里颐养天年，也曾多次来到这家茶社品茶，回味过去，感觉格外亲切。久了，茶社老板也与陈去病、柳亚子等人结下不解之缘，成了好朋友。在一次闲谈中，陈去病向老板提议把福安茶社更名为"南园茶社"（去掉中间二字即为"南社"，意在纪念南社革命活动），老板连忙点头应允。

因此，"福安"茶社的名字变成了"南园茶社"。为了纪念陈去病和柳亚子这两位革命志士，茶社还刻意为他们塑了两尊蜡像，安坐在茶社二楼，栩栩如生，独成一道风景。

中国古城镇

# 平遥古城

位于山西的平遥古城，是一座具有 2700 多年历史的文化名城，与同为第二批国家历史文化名城的四川阆中、云南丽江、安徽歙县并称为"保存最为完好的四大古城"，也是目前我国唯一以整座古城申报世界文化遗产获得成功的古县城。平遥古城是中国汉民族城市在明清时期的杰出范例，在中国历史的发展中，为人们展示了一幅非同寻常的文化、社会、经济及宗教发展的完整画卷。

平遥古城

115

# 一、古城历史

位于山西的平遥古城，是一座具有2700多年历史的文化名城，与同为第二批国家历史文化名城的四川阆中、云南丽江、安徽歙县并称为"保存最为完好的四大古城"，也是目前我国唯一以整座古城申报世界文化遗产获得成功的古县城。平遥古城是中国汉民族城市在明清时期的杰出范例，在中国历史的发展中，为人们展示一幅非同寻常的文化、社会、经济及宗教发展的完整画卷。

平遥古城面积2.25平方公里，平面布局形似龟状，有"龟前戏水，山水朝阳"之说，俗称"乌龟城"。它以南大街为中轴线，呈对称式布局，左城隍庙，右县衙署；左文庙，右武庙；左清虚观，右集福寺。城内"四大街、八小街、七十二条蚰蜒巷"纵横交错，中轴线上建有一座高达18.5米跨街而过矗立于城池中心的市楼，可俯瞰全城，它画龙点睛，把所有的古街巷从空间上联结起来。可谓"纵目可揽山秀于东南，挹清流于西北；仰观烟云之变幻，俯临城市之繁荣"。

现在的平遥古城城墙长6163米，高约12米，平遥县城的新旧城区分处于古城墙的两侧，城墙以内街道、铺面、市楼是原汁原味的古城，城墙以外是新城。在同一座县城里，每天往返于几百年的时差，享受着两种风格迥异的生活，确是别有一番风味。

平遥古城因其"古"而著称。在远古的新石器时代，这里就有了人类的足迹。"尧舜禹"中排在第一位的尧帝初封于陶，所指的"陶"就是今天的平遥古城，所以，平遥又叫"古陶""平陶"。平遥县境内的中都，在春秋时期是晋国古邑，战国时成为了赵的属地。到秦朝，开始设置平陶县，西汉时设置中都县和京陵县。北魏始光元年（公元424年），改平陶为平遥，沿用至今。

平遥是幸运的，到目前为止，古城仍然保留着它原来的建筑格局与风貌特色，城墙、街道、民居、店铺、庙宇等建筑保存完好，其中不乏古建筑中的珍品。它们一起向人们展示着古城悠久的历史和文化底蕴，是研究中国政治、经济、文化、军事、建筑、艺术等方面历史发展的活标本。

平遥古城充分体现了汉民族传统规划思想和建筑风格，是汉民族特色古县城的典型代表，也是现存最完整的明清古县城。它集中体现了公元14至19世纪汉民族的历史文化特色，对研究这一时期的社会形态、经济结构、军事防御、宗教信仰、传统思想、伦理道德和人类居住形式有重要的参考价值。

在历史的滚滚长河中，平遥有着璀璨的过去，它在政治、经济和文化诸多方面都留下了浓墨重彩的篇章，也给平遥留下了丰富多彩的文物古迹。平遥现有各类文物古迹300多处，列入各级政府公布保护的重点文物古迹99处，其中国家级3处：镇国寺（五代—清）、双林寺（明）、平遥城墙（明）；省级6处：文庙大成殿（金）、慈相寺（宋、金、明）、清虚观（元—清）、金庄文庙（元—明）、市楼（清）、日升昌票号旧址（清）；县级90处：西沟摩崖造像（东魏、北齐）等。平遥古建筑中，真是"五代宋金元明清，历代实物有例证"。

到清道光三年（公元1823年），全国第一家票号"日升昌"在平遥古城诞生。它的创立，标志着中国近代性质的新型金融业在中国封建社会后期的商业和金融环境下生成。

### （一）"晋商"的发源地之一

"晋商"在中国古代和近代商业中占有重要地位，平遥是其发源地之一。

清道光三年（公元1823年），中国第一家现代银行的雏形——"日升昌"票号在平遥诞生。三年后，"日升昌"的分支机构在国内遍地开花。19世纪40年代，它的业务更进一步扩展到日本、新加坡等国家。

在"日升昌"的带动下，平遥的票号发展迅猛，鼎盛时期，平遥一个小小的县城，票号竟达22家之多，一度成为中国金融业的中心，操纵和控制了中国的近代金融业，影响力巨大的"晋商"就此形成。

### （二）明清时期古代县城的原型

平遥古城有"龟城"之称，它基本保存了明清时期的县城原型。南门为龟头，门外的两眼水井是龟的双眼。北城门为龟尾，是全城最低的地方，城里所有的水都从这里流出城外。东西四座瓮城，两两相对，上西门、下西门、上东门的城门都向南开，就像龟爪向前舒展，只有下东门的外城门向东延展，据说是建城的时候恐怕乌龟爬走，特意将它的左腿拉直，拴在离城二十里的麓台上。这个传说充分体现了汉族人对龟的崇拜，古人希望自己所建的城如同龟神一样，城池金汤永固、世代平安。

传说孔子门下有三千弟子、七十二贤人，出于汉人对儒家的崇拜，城墙上建七十二个观敌楼，墙顶外侧建垛口三千。

城内街道呈"土"字形，遵从八卦方位，体现了明清时在城市规划和形制分布上的道教信仰。

### (三) "日升昌"票号的诞生

以前的"票号"，就是现代的银行。我国的第一家票号——"日升昌"就是在平遥诞生的。

清朝时，有许多在北京开店的山西平遥、介休、祁县等县的生意人。他们在年底给老家捎钱的时候，一般都委托镖局押运，运费很高，而且常遭打劫。于是，北京西裕成颜料庄的掌柜雷履泰和其中部分人商定，将钱交给北京的西裕成分号，再到平遥的西裕成取银两。

后来，这一方法得到了同乡们的认可，请求拨兑的人越来越多，并同意出

一些汇费。雷履泰发现这项生意利润丰厚，就与东家李大全商议，将西裕成改名日升昌，专营汇兑，我国第一家票号就这样诞生了。

清朝末年，山西的票号增加到 33 家，平遥以 22 家之多占据大半江山，其中不乏百川通一类较大的票号，其在全国各地的票号发展到 400 多家，在当时全国的金融市场上起着举足轻重的作用。

中国古城镇

# 二、古城传说

平遥有许许多多的传说，有的讲述晋商的兴起和经营中的趣闻轶事，有的将平遥古迹的来龙去脉娓娓道来。传说的形式不一而足，但每一个传说都透出了平遥人对平遥辉煌历史的骄傲和对传统文化中"真善美"的宣扬。

## （一）日升昌票号兴起的传说

在清朝乾隆年间，平遥西达蒲村李大全的西裕成颜料庄资财雄厚。

一天，李大全和一位算命的朋友在平遥城隍庙赶庙会，偶遇一位风流倜傥的后生。算命先生唤来后生，二人与之交谈，得知后生叫雷履泰，家住细窑村，平日挥霍成性，现想去京城寻求发展。算命先生对李大全说："这后生实是商业奇才，你若能把这后生收为己用，日后定能助你财源广进，生意兴隆。但其外表风流成性，挥金如土，你须以你的财力供他挥霍一年，且须让他按他的本意任意为之，不可有所限制。"李大全寻思："只要他不犯王法，我就养活他一年，倒是要看这后生有何能耐。"过了不久，李大全便派人寻来雷履泰，将其送到了西裕成颜料庄在京城的分号。

雷履泰到达京城后无所事事，每日与富家子弟吃喝玩乐，挥霍无度，竟用二百两银子买了一只百灵鸟送人。大量的挥霍使西裕成颜料庄京城分号入不敷出，分号将情况报告李大全，他便从平遥总号拨银给京城分号。时隔不久，京城分号来人状告雷履泰挥霍之事，李大全命分号不得限制其行为，只了解其行踪，记录在案。

雷履泰将百灵鸟送给的不是别人，正是大清朝当朝太子——爱新觉罗·旻宁，也就是后来的道光皇帝。他正是用这只百灵鸟打开了皇家大门，铺就了之后的成功之路。

一日，雷履泰进宫，见旻宁太子愁眉不展，便问其因。旻宁太子说："由于年成不好，全国响马四起。救灾银两和粮草经常被抢，国库空虚。父皇为此龙颜大怒，作为当朝太子，当然心情不好。"雷履泰听后说："如太子能让我面见皇上，在下必有妙法防止银两和粮草运送时被盗抢。"旻宁太子听后，忙带雷履泰面见嘉庆皇帝。雷履泰把开创"既不需要劳师动众，又能防止现银被盗抢的汇票"想法面奏了嘉庆帝。嘉庆帝听后非常高兴，但毕竟有违先祖之例，就下口谕命西裕成颜料庄向民间筹备银两放贷获利，以填补国库空虚。

有了政府的默许和支持，加上雷履泰的苦心经营，西裕成颜料庄仅年末上缴皇宫的税银，用骡马驮着便排满了京城十里长街。清道光三年（公元1823年），西裕成颜料庄改名"日升昌"，专营票号，总号设于山西平遥西大街，财东李大全，掌柜雷履泰。

就这样，中国金融史上第一家票号诞生了。

## （二）雷履泰夜梦"日升昌"

"日升昌"，意为生意兴隆，如日初升，繁荣昌盛，不仅叫起来朗朗上口，而且意趣十足，令人称赞不已。关于"日升昌"这三个字的来源，有着一段美丽而又神奇的传说。

一天傍晚，雷履泰吃过晚饭，在院内散步后回房休息。他躺在床上反复思索票号的名称，"广聚源""兴隆盛"等名号，虽有财源广进之意，但似乎总缺少了一种活力和气派，想着想着就睡着了。睡梦中，他忽见铺子斜对门的木器厂内燃起了冲天大火，一时间，街坊邻居们的"救火"之声不绝于耳。雷履泰也急忙起身赶往木器厂，可以前的木器厂却变成了一座金碧辉煌的大院，推门进去，里面更是黄金满屋，珠光四溢。正当雷履泰目瞪口呆之际，忽见东方朝霞中一轮红日冉冉升起，与那宅院相映成趣，更显璀璨，如二日并照一般。

这时，轰鸣声中，似南天门开启，天界众仙飘然而至，向西而去，众仙招手，邀他同去，雷履泰顿觉自己身轻如无物，与众仙同登仙界。当他回首时，却见妻儿正向他招手。雷履泰欲带妻儿同往，不料，一位黑脸天仙跨步上前挡住去路，声色俱厉。

雷履泰惊醒，翻身跃起，竟是梦境。他看了看时辰，已至五更，躺在床上，睡意全无，回想梦中情景，分明是一个事业飞黄腾达的吉兆。二日并升光照大地，一个崭新的票号名称闪现出来——"日升昌"。雷履泰再也按捺不住内心的激动，遂起身开门，来到院中，东方红日升起，竟与梦中情形无二。

为了应验梦中所见，雷履泰说服李大全买下"西裕成"斜对面的木器铺，根据票号所需设计修筑这座万古流芳的日升昌票号。道光三年（公元 1823 年），"日升昌"择吉日开张，并如其寓意一般，生意兴隆，如日初升，繁荣昌盛，开创了中国金融史的新篇章。

### （三）财东跪请雷掌柜

话说日升昌票号成立之后，二掌柜毛鸿翙业务精熟，而雷履泰则仍整日与富家子弟吃喝玩乐。毛鸿翙开始心里不平衡，忌妒大掌柜雷履泰，不服其管理，二人关系逐渐恶化。

当时，恰逢少东家李箴视接掌李家家业，少不更事的李少东家与毛鸿翙私交甚笃，遂听从毛的建议，欲借故抢夺雷履泰手中的权力。于是借口让雷履泰回家养病，让雷交出手中所有职权。

雷履泰知道其中缘由，回家后便写信要撤回分庄。毛鸿翙没有能力控制局面，日升昌告急。

少东家李箴视无法，只得登门送银送酒，欲请雷履泰复出。雷不允，直到李将毛辞退并下跪认错，雷才收回成命。

而雷履泰复出后，也以与毛鸿翙的矛盾为动力，苦心经营日升昌，使票号"汇通天下"，闻名于世。

### （四）父子经商、各为其主

清光绪年间，精于票号业务的邢国藩，任蔚泰厚汉口分号经理。光绪十七年（公元 1891 年），他得知北京向广东拔京饷十三万两，于是捷足先登，转告

平遥古城

蔚泰厚广州分号掌柜准备揽下这笔生意。

邢国藩之子邢嘉宾，年轻有为，出身于票号家庭的他自幼便精熟票号业务，时任百川通广州分号经理。同时，他也获得了这笔生意的信息。

百川通与蔚泰厚实力相当，且都与广东的巡抚大人交情不错。为了争到这笔生意，邢嘉宾父子二人互通书信，都想说服对方退出竞争，可还是各为其主，互不相让。

最后，百川通争取到了这笔生意，百川通总号东掌柜为此事写信嘉奖了邢嘉宾。

父子相争，各为其主，当时在商界传为美谈，也为后世的职业经理人们树立了职业道德的榜样。

### （五）明镜高悬——断伞

清康熙年间，平遥范村人宋忠原进平遥城寻医，因当时天气阴晴不定，从家里背了一把雨伞。

走到落邑村南，天上乌云密布，电闪雷鸣，眼看就要下雨了。这时，见一人从后面慌慌张张地跑了过来，原来是邻村的毋连迟也要去平遥城，因出门急没有带雨伞，正想要赶往前面找地方避雨。

过了一会儿，果然下起了大雨，宋忠原撑起雨伞与毋连迟同行。

二人在风雨中行走，谈笑间已行至高林村。宋忠原因风雨太大，撑伞耗费力气多，累得满头大汗，毋连迟于是接过宋忠原的伞，一直撑到了平遥城南门外孔家饭店。

这时风雨已过，天放晴了。宋忠原准备收起毋连迟拿在手中的伞。毋连迟却不还他，反诬宋忠原要强行抢伞。

二人争执不下，引来不少围观的村民。围观者亦无法判断二人谁是谁非，不得已，只得一同前往平遥县署。

宋忠原击鼓鸣冤，知县王杰升堂。宋毋二人各持己见，都咬定伞是自己的。知县王杰犯难，无法判断。沉思片刻后，王知县把惊堂木一拍说："大胆刁民！竟然敢以这等小事来试探本官！都哄出去，退堂！"随即把伞撕得粉碎，掷下堂来。

二人从堂上下来，宋忠原泪流满面，毋连迟却幸灾乐祸，洋洋得意。

两人走到照壁南街，正欲各奔东西，四个衙役赶了过来，将二人重唤至县衙。二人刚进大堂跪下，知县王杰已做出判断，将伞判给了宋忠原，并定了毋连迟诬陷之罪，重责四十大板，罚钱十贯，赔宋忠原一把新雨伞。

事后，宋忠原给王知县送了一块匾额，上刻"明镜高悬"四个大字。"断伞"一案在民间传为美谈。

### （六）平遥城隍爷金屋藏娇

在平遥城隍庙寝宫楼东梢间里，放置着一尊年轻漂亮的妇人像。据说，这尊像是平遥城隍爷的小妾。

关于这位小妾，在民间流传着一个生动的传说：

平遥城隍与介休城隍都年轻气盛。一次，二人在一起下棋，都对自己的棋艺自信满满，于是，二人以夫人为注，开始赌棋。

几番搏杀后，平遥城隍获胜，介休城隍只得双手奉上娇妻。平遥城隍将其带回，还特意为她营造一座小屋，金屋藏娇。

20世纪80年代以前，每逢城隍庙庙会，介休张兰镇还派人到平遥城隍庙举行一年一度的梳头仪式，以纪念这位被他们的城隍爷输给了平遥城隍的娇美城隍夫人。

这个日常化的故事，使劳苦大众更加确信城隍神的存在。

### （七）日升昌票号轶事：汇业经营，不欺童叟

清朝末期，平遥城里有一位沿街讨饭的老寡妇。有一天，她却拿着一张一万二千两的日升昌张家口分号汇票，到日升昌总号提取银两。

柜头看到签发时间在同治七年（公元1868年），与取款时间相隔了30多

平遥古城

年，就向后厅的大掌柜请示。

二人把老人家让进了后厅，问清了汇票来历。原来，老人家的丈夫早年在张家口做皮货生意，同治七年，将所有家当兑换成现银，在日升昌分号汇款一万二千两白银后启程回乡，不料途中染重病身亡。尸体运回家里，妻子哭得死去活来。丈夫唯一留下的，就只有临死前托人转交的一件夹袄。没有积蓄，也没有了男人的支撑，原本好端端的一个家庭开始败落。

老人家好不容易靠行乞熬过来。一天，这位早已沦为乞丐的老妇在丈夫留下的那件越来越破旧也越来越薄的夹袄的衣角，摸到了一块硬物，原以为是年月久了，棉花结了块，取出一看，却是一张日升昌汇票。

抱着试试看的心理，老人家来到日升昌兑取现银。柜头和大掌柜在认真查阅了数十年的账簿后，如数兑付了现银。

这件事之后，原本就生意红火的日升昌更是名声大振，汇兑、存放款业务一天比一天红火。

### （八）王朝相弃儒经商

王朝相，著名商号长盛蔚的大财东兼大掌柜。

王朝相之父原本出身于书香世家。早年曾勤学求仕，但因天资所限，且家境较穷困，仅任过教谕之职，未能成大气候。

所谓"望子成龙"，他父亲给他取名"朝相"，把自己未能达成的愿望全都寄望于他身上，希望他有朝一日能官到宰相。可是王朝相却并不争气，几次乡试均名落孙山，于是索性弃儒经商。

他经商善于审时度势，算计得失，对物价的涨落判断得不差分毫，所以总能先人一步，占尽商机，40余年的经营中极少亏损。

他不仅经商有术，也十分重义。与人交易，讲求诚信为本，货真价实，公平交易，从来不坑骗合作伙伴和客人，因而培养了许多忠实顾客。

他因早年接受儒家思想的熏陶，在经商的时候也把儒家的义利观用于经营，并教育自己的子孙：经商与入仕，虽然所走的人生道路不同，但为人之道是相同的，经商的人，身处金钱和货利之场所，同样可修身养性，追求商业利润要取之有道，不可见利忘义，投机取巧；从政的人，应不求货利，不贪赃枉法，公正廉洁，才能扬名显身，功成名就。

王朝相一直信守自己的承诺，说到做到。以诚信为本，树立自己的商业品牌和地位，为今天经商的人们提供了很好的榜样，值得现代人学习。

### （九）清虚观光绪皇帝问"道"测字

清虚观建于唐朝，在元、明、清期间一直香火旺盛。一直到现在，善男信女从者如云，香火不断，而慕名前来览胜者也是络绎不绝。清虚观中，曾留下了一段光绪帝问道的佳话。

光绪二十六年（公元1900年）闰八月，正值国家开始动荡，内忧外患使清朝当局焦头烂额。

这一年，光绪帝与慈禧太后西巡途中，宿于平遥。光绪帝微服私访，来到清虚观中，行至纯阳宫的月台，道长问道："施主可否问道？"光绪说："吾只测一字：山，你看甚意？"道长看到是"山"字，上下打量了一番，说道："山不见水，无根基，想必施主问的是江山？"光绪佩服地点头说："甚是。"道长接着说："你问我，我问谁，满朝文武都是贼，若要江山保平安，除非日后贼杀贼。闰八月，天年不佳，国有大难，民有大祸，不过劫难将过，来年看好。"

光绪皇帝听后，心中有了一线希望，企盼日后有所转机。

自此，清虚道观问"道"以其准确而声名远播，来此游历者，皆前来问"道"测字。

### （十）火烧城隍庙

在平遥，每年农历五月二十七至六月二十七是城隍庙的庙会期，当地居民都会举行盛大的庙会活动。

清咸丰九年（公元1859年）庙会期间，在集市上出现了一位白发银须的卖火烧（平遥人称饼子为火烧）的老翁，这位老翁在集市一直大声叫喊着："卖火烧啦！卖火烧啦！"

可是不知道为什么，他的火烧实在是太小了，不及一般人卖的三分之一，所以叫卖了一天也没人去买。

一位好心的年轻人看到了，很诚心地对老翁说："大爷，你的火烧太小了，人们都喜欢要大的。"

老翁告诉年轻人说："今天是小火烧，明天就是大火烧。"

当天夜里，果然城隍庙内失火，除了后院寝宫之外的殿堂全部化为灰烬。这位年轻人回想起前一日老翁所言，才知是火神显灵了，提醒大家要防止城隍庙着火，可为时已晚。

从此，这段小故事便流传开来。

### （十一）慈相寺驮碑神龟

慈相寺麓台塔的右前方有一只石龟，背上驮着一座高达一丈八尺的石碑，碑顶二指以下有一个拳头大小的圆洞。

传说圆洞里原本有一颗宝珠，每到夜间，驮碑石龟便化身真龟，可以行走，所驮石碑通体透明，碑文清晰。石碑右侧下方刻着一行小字："离天二指有件宝"，因其日隐夜现，因此平时并未引起人们注意，就连寺内僧人也鲜有知晓，仅有方丈一人知其奥妙。

每当夜深人静，石龟身驮石碑，到寺后的婴涧河喝水，喝完后又返回原处。日复一日，偶有僧人遇见，便传了开来，人人尽知石龟驮碑的神奇，却不知其中就里，只道是石龟久居古刹，吸日月之精华，听高僧坐堂说法和众僧诵经，已得正果，乃千年得道神龟。

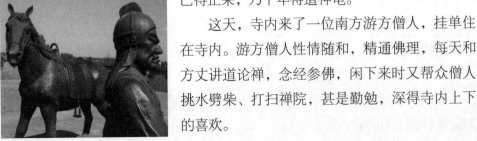

这天，寺内来了一位南方游方僧人，挂单住在寺内。游方僧人性情随和，精通佛理，每天和方丈讲道论禅，念经参佛，闲下来时又帮众僧人挑水劈柴、打扫禅院，甚是勤勉，深得寺内上下的喜欢。

游方僧在寺一住一月有余，与方丈、监事、知客以及杂役皆已熟悉，寺内便任其闲逛，不加管束。他常在驮碑石龟前驻足，凝思良久，一看半日。众僧以为他是在临研书法，并不在意，依然一日三课，朝夕相处如故。

一日，寺中早课，上下遍寻不见游方僧，也未见他到斋房用斋，众僧以为他是身体不适或因事外出，不以为意。直到夜间，值班巡夜僧人发现石碑不再发光，慌忙报告方丈，方丈赶忙掌灯观看，只见石碑顶下二指处的宝珠不见踪影，留下了一个拳头大的圆洞。再回想起游方僧的失踪，方知宝珠已为游方僧盗走，悔恨没有识破盗宝贼，却为时已晚。

原来，盗宝之人曾以游客进香为名，早已看过石碑，知驮碑石龟定藏有宝物，但不明就里，深知一时不能解得其中奥妙，无法盗取。因此，回去后苦研佛经，骗取寺院度牒，假扮游方僧人来到慈相寺，骗得众僧信任后，仔细观察，苦究碑文，悟得碑上为天，碑下为地之隐语："离天二指有件宝"原是指离碑顶二指之处有颗宝珠。

自夜明宝珠被盗之后，石碑失去往日的生机和透亮，石龟也再不能驮碑下河喝水了，从而成为了现在有个拳头大小圆洞的石龟驮碑。

## （十二）睡姑姑和药婆

双林寺东北角有一座小祠堂叫"贞义祠"，祠中供着两个世间凡人的塑像，一个是躺在床上双目紧闭的少女，叫"睡姑姑"；一个是坐在旁边骨瘦如柴的老婆婆，叫"药婆婆"。

关于她们，有一个凄美的传说：

传说很久以前，桥头村有一户家境很好的人家，家中有老夫妻二人和膝下一女，一家人家财万贯，衣食无忧，过着和睦安康的日子。父母常带她去村里的大庙烧香，祈求菩萨保佑全家平安，同时，对待乡邻，也是乐善好施，广积善缘。

然而天有不测风云，女子16岁那年，父母染重病相继去世。这个在父母的呵护下生活了 16 年的小女孩一时无法接受这个残酷的现实，每天都去父母坟前，向他们哭诉自己的思念。

从她家到坟地刚好路过村里的大庙，一日，上坟路过大庙时，回想起当日和父母一起进香的场景，不禁又泪水涟涟，不觉走入了寺庙。恰逢寺院住持派僧侣四处化缘，准备整修那年久失修的殿宇。女孩知道后，把家中所有的财产变卖了，全部捐给了寺院，想要广积功德，以求菩萨能开法眼，让父母回到自己的身边。

然而，人死不能复生，女孩的这一心愿最终还是没能实现。

后来，女孩染病卧床，无依无靠，也无钱治病。也许是神灵终为其虔诚所动，一位素不相识的老妇来到身边，每天给她做饭、煎药，不辞劳苦地侍奉她。

病好后，二人相依为命，一直到女孩去世，这一老妇也陪她坐化了。

人们为了纪念乐善好施的少女和不知来历的善良老妇，在寺院的东北角修了一座单间小祠堂，里面塑了她们的塑像，民间称"睡姑姑""药婆婆"。善男信女们每到寺中进香，都少不了到这个小殿来瞻仰。

中国古城镇

# 三、古城特色

## （一）民间工艺

### 1. 手工布鞋

"人老脚先衰，养生先养足"，可见古人对脚的重视，而手工布鞋在中国几千年的传统养生之道中，也发挥着它独到的功用。它最显著的特点是透气性好、吸汗性强，而且因为它具备良好的伸展性和适应性，使足部很容易适应周围的环境，增加舒适性，进而实现对人体从足部到身体的保养。

平遥的手工布鞋工艺传承至今，手工布鞋是平遥特色手工艺品之一。其中最有名的是猫头鞋，又名虎头鞋，它最能体现中国传统的女红水平。鞋体似猫似虎，憨态可掬，既显吉祥富贵，又有避邪消灾之寓意。柔软的鞋体对小儿的足部也起到很好的保养作用。

### 2. 推光漆器

推光漆器是一种工艺性质的高级油漆器具，因其以手掌推出漆具的光泽而得名。平遥推光漆器更是其中的精品。

据记载，自唐代开元年间，平遥就开始制作推光漆器，到现在已经有1200多年的历史了。平遥推光漆器外观古朴雅致、色泽光亮，绘饰金碧辉煌，手感细腻滑润，质地坚硬，耐热防潮耐腐蚀，既具实用性，又有欣赏价值。

现有的推光漆器以高档屏风、挂屏等为主，底漆多以墨黑、霞红、杏黄、绿紫为主，上面绘有各类具有民族风格的图案，有描金彩绘、刀刻雕饰、镶嵌等多种加工方式，线条流畅，色调和谐，富丽堂皇。

平遥推光漆器的生产共有五道工序，分别是：木胎、灰胎、漆工、画工和镶嵌。每道工序都有其特有的作用和标准，不可或缺。

到现在，平遥推光漆器已先后获得全国工艺美术百花奖银奖、全国工艺美术百花奖金奖、世界博览会优质产品等荣誉，并远销30多个国家和地区，成为国内和国际市场的畅销艺术品。

### (二）民间社火

#### 1.高跷

高跷是平遥的一大特色民间艺术表演。表演者用两根木棍制成跷腿，木棍上端处横装踏板，表演时演员的小腿绑在木棍上端，脚踏踩板，按各种舞步走动表演。跷腿的总长度一般在6尺上下，高者可达1丈2尺。

高跷表演技艺高超的，可脚踏高跷跳跃板凳、桌子等障碍物，或做出"跌八叉""金鸡独立""下软腰"等高难度动作。

平遥县北城村、干坑村高跷表演非常有名，当地传统的表演项目有《白蛇传》《庆顶珠》《狐狸冤》《唐僧取经》等，新中国成立后，又加入革命宣传或是反映现实生活的表演项目，如：《红灯记》《智取威虎山》《送子参军》《计划生育》等。

#### 2.抬阁

顾名思义，分为"抬"和"阁"两部分。"阁"即将铁杆固定在抬杆上端，抬杆周围用莲花、彩云等各种道具装饰起来，再将三四个扮演各种戏剧人物和神话故事的男女小孩固定在铁杆上；"抬"即由成年男子抬起来，在行进中表演。

抬阁演的项目共有50余个，包括《孙悟空三打白骨精》《富贵图》《火焰驹》《断桥》《虹霓关》《起解》《百花亭》《盗灵芝》《下河东》《拣柴》《苏护送女》《双吊孝》《黄河阵》《祥麟镜》《反棠邑》《狐狸缘》《凤仪亭》《血手印》等。

#### 3.竹马

"竹马"是一个很形象的名称，即用竹皮或竹篾扎成马的形状，外面以绫纱裱糊，再进行彩绘，使之形象生动。

竹马分为两截，分别固定在前胸、后腰。表演时，身上再系若干个小铜铃，发出富有韵律的声响。

中国古城镇

竹马队一般由 14 名十二三岁左右的儿童扮演，前面一个引导的叫马头，用戏剧表演中的拂尘指挥；后面一个是马尾；中间 12 匹马表现十二生肖，表演者手持马鞭，像骑着马奔跑一般。表演时伴之以节奏感很强的铃铛声，犹如万马奔腾。晚上，竹马身上放置若干灯烛，表演起来尤为好看。

竹马表演的项目有《蛇蜕皮》《翻身身》《双八调》《单八调》《剪子股》《八调调》《对竹马》《没头头》《三环套耳》等。

4. 节节高

顾名思义，就是人站在人上面表演。

从形式上看，它和杂技表演中的"背棍"有些相似，但它的实际表演难度比"背棍"更大。

站在人上的表演者多为 7 岁左右的儿童，打扮成各种戏剧人物，他们站在成人表演者的双肩上，没有任何绑系设施，全凭他们的双腿膝部靠在成人后脑部站立，表演危险系数很高。

下面的成年人伴随着音乐节奏，在行进中进行表演，站在肩上的孩童相应舞出各种动作，煞是好看，深得群众喜爱。

"节节高"的表演项目包括《西游记》《八仙过海》等。

5. 地秧歌

"地秧歌"的表演乐器有腰鼓两面、钹、钗各一副、锣两面、口刮四面，还可与其他乐器相配合，表演者可随乐器的增加而相应增加。

表演时有舞有唱，可借景抒情，随题发挥。要求表演者思路敏捷，口才伶俐，以平遥方言即兴演唱吉祥而风趣的"四六句子"。句段之间，各种乐器齐响，铿锵悦耳。

腰鼓手是乐队的核心，表演时手舞足蹈，穿梭于队伍之中。其他乐手也要既表演乐器，又伴以舞蹈，形态自若。

地秧歌流传较广的传统表演项目有《观五京》《十盏灯》《王祥孝母》等。

6. 旱船

旱船用竹条、木条、彩绸编扎而成，四周再用绸缎围合，上面用木条、绸

平遥古城

131

缎搭篷。

旱船表演时，以鼓乐伴奏，一人用彩带系船驾于肩上，假脚盘坐"船"中，扮演女子，似乘船状而行走。另一人扮船夫，持桨在船前划船。二人在行进中对唱。

旱船表演内容多为古代戏剧中与船有关的故事，如《打渔杀家》《许仙游湖》《秋江》等。

7. 龙灯

龙灯是用竹、木、布等材料制作成龙头、龙尾，再以竹圈制成若干节龙身，然后用布将长长的龙身连接起来，上绘龙麟、龙爪图案，由众表演者舞动表演的艺术节目。

表演时，为首一人手举龙头撑起龙头的木杆，末尾一人持龙尾，其余表演者每人持一节龙身。龙头前面有一人持彩珠或火球等物戏龙引路，舞龙头者跟随，龙身随龙头走向和着吹打乐伴奏而翻滚起伏，蜿蜒摆动。

龙首、龙身内置有蜡烛，昼夜都可表演。夜间表演时，龙体内灯火通明，颇为壮观。

龙灯的表演节目有《二龙戏珠》《调四角》《八调调》《蛇蜕皮》《套明珠》等。

（三）美食

1. 碗脱

碗脱是一种主要用白面粉制作的小吃。它具有浓郁地方特色，是平遥县的一种传统风味小吃，是下酒的佳品。

它集凉粉与灌肠的优点于一身，既有凉粉的清爽利口，又有灌肠的浓烈香味，精而不腻，滑利爽心。

碗脱没有什么禁忌，老少皆宜，夏天时可以用于凉拌，冬天又可以煮热了吃，是人们极为喜爱的一种风味小吃。

平遥县城南堡的名厨董宣师傅于清光绪初年创出碗脱，至今已有100多年的历史。它的传统

中国古城镇

制作工艺代代相传，并不断有所改进。目前，以董宣师傅第四代传人董兴旺所制为最佳。

2. 牛肉

牛肉到处都有，平遥牛肉之所以能成为"地方特色"，是因为其制作工艺独特，色泽红润，绵香可口，有"肥而不腻，瘦而不柴"的特点。

平遥牛肉历史悠久，最早由何人所创已无从考证。据《平遥县志》载，平遥牛肉源于汉代，明代已负盛名。清朝先后在平遥城内开业的兴盛雷、自立成牛肉铺享有很高声誉，平遥牛肉就是继承兴盛雷、自立成传统风味而发扬光大。

3. 酥梨

平遥东南部是丘陵地区，海拔 800—1000 米，气候温和，光照充足，由于昼夜温差较大，果品养分积累较好，是晋中的"林果十强乡镇"之一。

近年来，平遥将先进的科学技术应用于果品种植，在果品生产中大力实施深翻扩穴，应用扩穴贮水、生物覆盖、人工授粉和铺反光膜、果品套袋等十几项科学技术，进一步提高了果品质量。

套袋酥梨就是在这一背景下产生的，它以表面光洁、个大丰满、多汁酥脆、营养丰富和无公害等几大特点，深得国内外消费者的喜爱。

4. 豆腐脑

单说豆腐脑，当然算不上平遥特产，之所以称之为特产，是以其"打卤"见长：用各种秘制调料煮制成独具一格的卤汁，将铜锅架在笼圈套盒中，下置木炭火盆以保温。在售卖时，浇上铜锅里的粉条、黄豆、卤汁，然后将一勺脑豆腐盛入碗内，既保存了豆腐脑的鲜嫩可口，又有粉条、黄豆和卤汁的香气四溢，令人爱不释口。

平遥豆腐脑以其经济实惠、方便适口、风味独特的特点，历经数百年而不衰，至今仍深受广大群众喜爱。

5. 黄酒

平遥黄酒用纯糯米酿制而成，其香味浓郁醇厚，酒性温和，可谓"喝酒不伤身"，是一种妇孺老少皆宜的低度酒。同时，因其浓郁醇厚的香味，还是一种理想的烹饪料酒。

据科学检验报告，黄酒含有 18 种氨基酸，其中有 8 种是人体不能合成而又必需的。每升黄酒中赖氨酸的含量比葡萄酒和啤酒要高出数倍，为世界营养酒类中所罕见，因此有"液体蛋糕"之称。

经临床医学证明，黄酒还具有健脾、益胃、舒筋、活血的功效。

6. 冠云熏鸡

冠云熏鸡属五香型烧烤肉制品。

现代出售的冠云熏鸡以经严格检验的白条鸡为原料，用名贵中药材经腌制、蒸煮、真空包装、灭菌等工艺加工精制而成，产品色泽金黄，口感鲜嫩，绵香可口，同时讲究造型，卖相非常好，且含有大量人体必备氨基酸，是高蛋白、低脂肪食品。

到平遥旅游，带上两只冠云熏鸡回去给亲友品尝是个不错的选择。

7. 冠云风味狗肉

"吃了狗肉暖烘烘，不用棉被可过冬"，可见狗肉滋补气血、壮阴补肾、暖胃祛寒之功效。

现在的冠云风味狗肉选用经严格检疫的新鲜白条狗肉为原料，辅以多种名贵中药材，采用现代科技工艺精制而成，产品色泽红润、口感细腻、清香爽口，常食可使气血充沛、百脉沸腾。

8. 长山药

长山药，又名薯蓣、怀山药，是薯蓣科多年生宿根性草本植物。《神农本草经》上说："薯蓣味甘温，主伤中，补虚羸，除寒热邪气，补中益气力，长肌肉。"是我国医学宝库中不可缺少的一味健身、健脾、养胃的滋补药品。

据科学检验，长山药中富含蛋白、淀粉及钙、镁、锌、铁等人体必需的微量元素。长山药既是药典佳品，又是纯天然、无公害、高营养的绿色食品。平

遥长山药多年来出口日本、韩国和东南亚市场，被誉为"中国小人参"。不仅如此，它还可以起到人参起不到的作用。人参燥热，青年人不宜服用，但长山药却是老年人、青年人和少年儿童都可以服用的。在筵席上常见的拔丝山药、蜜饯山药等佳肴，更是独具特色。

平遥、太谷等县盛产长山药，每年可提供

商品山药 20 万公斤左右。平遥县岳北村生产的长山药，条粗条长，皮薄质细，在晋中一带很有名气。平遥长山药是与平遥牛肉、推光漆器齐名的土特名优产品之一，以种植历史悠久、品质优良而著称。

## （四）节庆活动

### 1. 祭星

平遥有祭星的传统。

每年正月初八夜里，家家户户打面茶、做糕灯，在院内摆设供桌，祭祀值年岁君和满天星君。若有人经测算命星受岁星所克，要免灾除难，便同时祭祀本命星官。

### 2. 添仓日

添仓日又称"填仓日""天仓日"。

相传西汉时期，任职粮仓官的淳于衍为人正直，常为百姓谋利，却遭奸人陷害，判死刑入狱。后经其女儿冒死上诉，得以赦免。

淳于衍死后，后人为了表达对他的感激和怀念，把正月二十日和二十五日定为添仓节（正月二十小添仓，二十五老添仓）。

添仓节当日，家家户户用白面包红糖做成口袋或元宝形状的面饼，俗称"布袋袋"。入夜后，烧香设供，恭请添仓官，全家人大声喊"仓官爷，添仓来，粮食元宝添到咱房来。黑小子，赶车来，粮食元宝赶到俺房来"。意在祈祷丰收，祈盼生活富裕。

### 3. 祭灶君

腊月二十三日，平遥有食饧瓜的习俗。

传说灶神要在这一天升天向玉帝汇报一年的情况，人们以饧瓜祭灶，意在为灶神送行，祈盼其"上天言好事，回宫降吉祥"。

### 4. 爆食

"爆食"就是"食爆米花"。腊月初一日，平遥家家户户都吃爆米花，取其祛百病之意，祈一年百病不生，身体强健。

平遥古城

# 四、古城景观

## （一）平遥古城墙

人称"平遥有三宝"，古城墙便是三宝中的第一宝。

平遥古城墙是山西境内现存历史较早、规模最大的一座古城墙，始建于西周（公元前827—728年）。其时，大将尹吉甫北伐俨狁，在平遥驻兵，夯土筑西北两面城垣。

明洪武三年（公元1370年），在原城墙的基础上重新修筑了城墙，由"九里十八步"扩为"十二里八分四厘"（6.4公里），变夯土城垣为砖石城墙。明清两代500余年间，平遥城墙先后历经20多次修葺，日益坚固、壮观。

平遥城墙的平面图呈方形，整个平遥城似龟形。城墙周长6162.7米，墙高6至10米不等，墙顶宽3至5米不等，墙顶外筑2米高的挡马墙（垛口墙），内砌女儿墙，墙身以素土夯实，外包青砖。墙外筑护城壕，深、宽各1丈。共设6座城门，南北分别是龟头和龟尾，东西各有两座城门为四足。各城门外曾设有吊桥，四周各有角楼一座。四面墙体，每隔60米，筑观敌楼一座，整个城墙上共有72座观敌楼。城墙上有垛口3000个，观敌楼72处，传说是按孔夫子的弟子3000人、贤人72个的数字修筑的。

此外，还在东城墙点将台上建了高真人庙，东南角城顶上有魁星楼和文昌阁。整个内城外廓，固若金汤！

平遥城墙，规模宏大，设计严谨，是研究中国古代城池建制的珍贵实物参考。

平遥城墙是国家重点文物保护单位，世界文化遗产——平遥古城的重要组成部分，是山西省十佳旅游景点之一。

## （二）镇国寺

古城的第二宝位于平遥县城东北12公里的郝

中国古城镇

136

洞村，原名京城寺，明嘉靖十九年改为镇国寺。

寺院最早建于五代（公元 10 世纪），距今有
一千多年的历史。从寺内碑文可知，元明利用隙
地，前筑山门天王殿和左右钟鼓二楼，后建三佛
楼和东西厢房，观音、地藏二殿，清雍正、乾隆
年间重修东西两廊。该寺的万佛殿是五代时期最
早建寺时留下来的，是中国目前排名第三位的
古老木结构建筑。

镇国寺整座寺院坐北朝南，由两进院落组成，占地面积 10892 平方米，建
筑面积 5000 多平方米。为了有利于僧人修行，所以把寺庙修建在偏僻之地。它
的第一大特点就是设有山门，而一般山门都有三个门，中间一个大门，常盖成
殿堂形式，两旁各配有一个小门，因此又称之为"三门"，是为了象征三解脱门
之意，即空门、无相门、无作门。佛教中认为入三解脱门，即可得到解脱。寺
院的山门是佛界和俗界的交界处，三门并立，显示出佛门的神圣。

这里两边小门上的题词也显示出了这一点，分别为"崇虚""垂幽"，佛教
中指真理的本体无所不在，但无形象可见，虚无即是有而若无，实而若虚之意；
"幽"为幽静、幽闭，从字面理解意为幽静的环境，但其更深一层意思为毫无杂
念的学佛诚心，即"遁入空门"。

1965 年，镇国寺被评为省级重点文物保护单位；1988 年 1 月 13 日，被国
务院评为全国重点文物保护单位，同年二月正式对外开放；1997 年 12 月 3 日，
平遥古城被列入《世界文化遗产名录》，在其界定的清单中，就包括了以建筑征
服世人的镇国寺。

### （三）平遥双林寺

古城第三宝——双林寺，位于平遥古城西南 6 公里的桥头村，是一座历史
悠久的佛寺。

寺中的唐槐、宋碑、明钟、彩塑以及古代建筑都是稀世珍宝，其中的彩塑
艺术更使它被列入《世界文化遗产名录》之中。

双林寺原名"中都寺"，北宋时为纪念佛祖释迦牟尼的"双林入灭"之说，

改为双林寺。

北齐武平二年（公元571年）寺院重建，历经多次修缮，现存建筑多为明代作品。

双林寺的整体布局坐北朝南，占地15000平方米，东为禅院、经房，暂未开放旅游。西为庙群，由各具风格的十座殿堂组成前后三进。

庙群中，唐槐、宋碑、明钟、壁画结合成一个有机的整体，令人叹为观止。1500余尊雕像全部由木胎泥塑而成，外面的彩绘手法体现了我国自唐代以来的高超技法，每一尊都栩栩如生，是我国明塑中的佼佼者，被专家誉为"东方彩塑艺术宝库"。

双林寺彩塑题材是佛教内容，雕塑中有佛、菩萨、天王、神将，也有凡间各种世俗人物，神态各异，每一尊都极具特色和艺术价值。古代艺术大师们打破宗教的限制，把神秘的佛国人物赋予人的特性，达到一种形神兼备的境界。

其中菩萨殿千手观音仪态端庄典雅，慈祥的面容似乎能包容世间的一切，每支胳膊都圆润丰满，与身体的比例恰到好处，毫无生硬、做作之感，达到雕塑艺术中和谐、完美的境界；罗汉殿内"哑罗汉"嘴巴紧闭，怒目圆睁，凝视着世间的诸多不平，但又欲言不能，以致胸腹凹凸不平，似是呼吸急促，怒火中烧，把性格耿直的哑罗汉焦急而又无奈的形象生动形象地表现了出来；千佛殿"韦驮"像整个造型呈一条从头到脚贯穿于全身的S形曲线，腰部的塑造非常夸张，为人体所不能，给人一种强大的力度和动态之感，却丝毫不显做作。中央美院雕塑家钱绍武先生观后曾题词双林寺韦驮像，此韦驮像雄健英武，可谓全国韦驮之冠。武圣殿正中有关羽坐像，至今仍悬而不倒。

双林寺于1979年正式对外开放，1988年公布为国家级重点文物保护单位，1997年与平遥古城墙、镇国寺等主要景点一同被列入《世界遗产名录》，被联合国教科文组织称为"真正的、独一无二的珍宝"。

## （四）慈相寺

慈相寺原名圣俱寺，位于平遥城东7.5公里的冀郭村北面。

宋仁宗庆历年间，建麓台塔，皇祐三年（公元

中国古城镇

138

1051年）改名慈相寺。宋朝末年，寺院被焚，塔殿尽毁。金天会年间，在被焚的塔址上重新建塔，同时建殿、楼亭等十多座。后世几经翻建，现存除正殿与砖塔外，其余都是清代重建的建筑。

慈相寺坐北向南，在丘亘和樱涧河之间，占地22427平方米，周围山水环抱，蔚为壮观。

它前后共有三进院落，中轴线上自南向北分别是山门、戏台、前殿、正殿和麓台塔，钟鼓楼和廊窑分布东西。寺内现存碑碣8通，古柏5株，主建筑大雄宝殿5间，殿顶悬山式，用材硕大古朴，殿内现存"三身佛"坐像和壁画100余平方米，都是金代遗物，具有极高的艺术价值。

麓台塔为九层楼阁式砖塔，高48.2米，平面为八角形。塔座南为抱厦门，四周共有窑洞16孔。塔身二至七层建有斗拱，八、九层为素面，塔顶呈莲瓣形，塔刹现在已经被毁。塔为空心结构，有楼板、木梯可以上塔，每层南北面都开有明窗。

寺内存有宋庆历六年（公元1046年）间的《大宋西河郡圣俱寺麓台山碑》，书法艺术极为高超，是研究书法艺术的珍贵资料。

2001年6月25日，慈相寺经国务院批准被列入第五批全国重点文物保护单位。

## （五）平遥文庙

平遥文庙始建于唐贞观初年，坐落在平遥城内东南角。

平遥文庙的大成殿在1957年地震后县政府揭瓦维修时，发现殿脊梁下记有"维大金大定三年岁次癸未四月日辛酉重建"的墨迹，可见其自金大定三年（公元1163年）重建后，至今保存完好。它是全国文庙中仅存的金代建筑，是我国现存各级文庙中最古老的殿宇。

文庙原称孔庙，本是春秋时期儒教创始人孔子的家庙。自唐玄宗封孔子为"文宣王"以后，孔庙改称"文宣王庙"，明代因与武庙（关帝庙）对应，改称"文庙"。

平遥古城

据《新唐书·礼乐五》记载："武德二年，始诏国子学立周公、孔子庙……（贞观）四年，诏州、县学皆作孔子庙。"开元二十七年（公元739年），朝廷又对孔子的尊号、孔庙规格、祭子礼制、配飨者名单等制定了统一的标准，它把全国各县按人口、赋税、物产、地理位置等分为"赤、畿、望、紧、上、中、下"七个等级，并诏令全国各州县依制隆重奉祀，尊孔崇儒达到极致。

唐代平遥属"望"，即第三等，平遥孔庙为按此等级标准所建。此后，平遥文庙历经三次迁移。

据清光绪八年（公元1882年）的《平遥县志》记载：明朝崇祯九年（公元1636年），平遥知县王凝命上任祭拜孔庙后，因文庙隔街背对"太子寺"，太子为君，而孔子虽为圣人，却也是臣僚，臣庙应居于君寺之后，便强令互换，文庙改做太子寺，而太子寺变为文庙。其实，太子寺得名因佛祖释迦牟尼出家前是古印度迦毗罗卫国的王太子，和儒家的义庙风马牛不相及，而孔子的高徒，进士出身的王知县却如此无知。平遥士绅们虽明知其荒唐，却不敢出声争论，其可笑程度，与"指鹿为马"不相上下。

据《平遥县志·学校志》记载："荒诞鄙俚最为不经，侮圣亵贤，不知其意之所在，相沿数十年，生儒抱恨不能更定。至康熙十四年知县柏乡魏裔恖至，询得其由，按图考察，慨然兴作，祥具各宪，仍以故寺为寺，而建新庙于旧所，阖邑称快。"可见，至清康熙十四年（公元1675年），知县魏裔恖重将文庙与太子寺对调，平遥文庙所遭遇的千古笑谈才算告一段落。

但在明万历三十七年（公元1609年）的《汾州府志》中，平遥文庙的变迁似乎又另有其因："平遥县儒学，旧在县治东。嘉靖八年（公元1529年），巡按穆公准呈，以前太子寺更之。"又据清乾隆三十六年（公元1771年）《汾州

府志》记载："崇祯九年，知县王凝命，复以文庙与太子寺互更。国朝康熙十四年，知县魏裔恖，按嘉靖八年以后移改。"这些记载表明，在明嘉靖八年前，现在文庙址上的建筑本来就是佛教的太子寺，而其北面的太子寺，才是最早的平遥文庙旧址。从现存的金大定三年重修的大成殿来看，也印证了这一观点，大成殿确是佛教殿宇的形式，后墙上现存的后壁中门檩及门形，也是佛教寺院的"中殿"格式。

中国古城镇

这两种观点哪一种正确现在无从断定，但有一点是确定的：平遥文庙在历史的长河中，经历了多次迁移。

平遥文庙一直是县学所在，直到清光绪末年废除科举后，县学停办，又改为"平遥县实业学校"。到1923年，平遥的生意人捐款在文庙兴办"平遥励志中学校"，县长郭学谦亲自题写了校名门额，后来该校改为官办平遥中学校，迁址到察院街。1950年，太岳中学同平遥中学合并，校址又设在文庙，学校的建筑基本保持原貌，只拆除了棂星门、西学、省畜所。后在20世纪50年代末修建平遥中学教学楼时，拆除了超山书院、敬一亭和尊经阁。

1997年，平遥文庙被列为全国重点文物保护单位，经有关部门决定，平遥中学于2003年全部迁至东城外新校址，文庙得以重新复原，成为平遥古城的主要文物旅游景点之一，2004年正式向游人开放。

### （六）金庄文庙

金庄文庙始建于元延祐二年（公元1315年），位于平遥城东5公里处的岳壁乡金庄村西。

金庄文庙在明万历、清乾隆、嘉庆、民国年间经多次扩建和修缮。

它坐北向南，占地面积为1840平方米，现存总建筑面积500多平方米。庙内现存明伦堂、状元桥、东西讲学堂、大成殿、东西配殿、泮池、神库等15座古建筑。

文庙的大成殿是清嘉庆七年（公元1802年）所建，面宽三间，进深三椽，单檐硬山顶，带前廊。大成殿内现存孔子及"四配""十哲"彩绘泥塑像15尊，其中的孔子塑像是元代作品，工艺精致，色彩如初，保存完好。它是我国现存最古老的孔子像，是研究儒家思想及元代彩塑艺术的珍贵实物资料。

### （七）南神庙

南神庙又名耶输神祠，坐落在平遥城以南1公里的干坑村，老百姓因其居县城之南，俗称其为"南神庙"，至清代初期，南神庙成为该寺的定称。

关于南神庙的始建年代，已无从考证，但最晚也应在唐代中期。

141

南神庙在众多神庙中独具特色，首先因为它是一座以佛教为主，兼设道教、俗神殿堂的综合性宗教场所，在明嘉靖四十一年（公元1562年）进行修整时，当时的"厄意人"（经理人）有平遥县衙道会司道会武真人、道士郭教碧、郭寅秀、秦寅云、吕全清、郭正途、陈道云等，同时平遥陶同村观音堂的僧人真月也在其列，说明当时的南神庙由道教掌管，但也有佛教僧人掺杂其中；而明清两代其他多次修整时，则全部是由僧人执掌，而其他教派掺杂其中。

由此可见，在平遥，人们的宗教信仰都是因当时的实际需要而进行自行选择的，像这种集儒、释、道诸教及俗神信仰于一处且能兼容并包的供奉方式，是平遥历史上宗教文化的一大奇观，在全国实属罕见。

南神庙的另一大特色，就是正院东庑旁边，有一座独特的王妃墓冢和一座经幢。王妃墓冢基台用砖砌成，上面建有一个琉璃罩，类似平遥民间出殡用的棺罩，此类墓冢在国内也属独一无二。

### （八）普照寺

普照寺坐落在平遥城西北杜家庄乡东凤落村之西，初建年代已无从考证。普照寺占地面积约2000平方米，坐北朝南，三进院。

在山门门洞两侧屋内南壁各有一个圆形窗孔，像一双龙眼；山门两侧有钟鼓楼各一座，像是龙的双角；从山门往后，中轴线上有关圣殿、东岳殿、送子娘娘殿，整体起伏，如龙翔九天。而在山门对面有一座乐楼，此楼两侧有斜向前方的对称影壁，似凤凰展翅欲飞。龙凤相对起舞，所以当地老百姓把普照寺的格局称为"龙凤呈祥"。此格局生动地反映了汉民族对"龙"的崇拜。

在普照寺的殿宇中，有大量的壁画，基本都是乾隆五十六年（公元1791年）和嘉庆二年（公元1797年）的作品。

和南神庙一样，普照寺诸教兼容。

### （九）平遥县衙

我国尚存的古代衙署不多，有直隶总督署、南阳府衙、霍州署、内乡县衙等，平遥县衙是其中保存最为完好的一座。

"自古衙门向南开"，位于平遥城内西南部政府街（旧称衙门街）的平遥县衙也是坐北朝南。

县衙南北中轴线长 200 余米，占地面积 26600 多平方米。它始建于北魏，据旧县志载，自元代起，明清两朝都曾对县衙进行过大规模的扩建和改建，现在保存的基本形制是元明清扩改后的格局。保存下来的最早的建筑建于元至正六年，距今已有 600 多年的历史。

衙门外东边有风水楼，南边有照壁，衙门内沿中轴线自南而北依次为大门、仪门、牌坊、六部房、大堂、宅门、二堂和内宅。中轴线的东西两侧有土地祠、戏台、粮厅、督捕厅和牢狱。整个建筑群结构合理，主从有序，错落有致，符合封建朝廷官府衙门前朝后寝的格局特点。

县衙东南侧有一座两进院落的土地祠，是供奉"土地爷"的地方。明朝初年，吏治非常严格，地方官员贪赃白银 60 两就要被砍头剥皮，这座土地祠就曾关押过地方贪官，而且还有贪官在这里被行刑。

县衙的主要建筑上均有楹联，县衙大门楹柱上的对联是"莫寻仇莫负气莫听教唆到此地费心费力费钱就胜人终累己，要酌理要揆情要度时世做这官不勤不清不慎易造孽难欺天"。既劝百姓息事宁人，多一事不如少一事，得饶人处且饶人，少进衙门，又在提醒官员断案要审时度势、合情合理，出于公心，为民做主，否则造孽欺天。

大门正对面的照壁上绘有一只叫"狻猊"的怪兽，传说此图可以避邪，但同时也是在警告官员不得贪赃枉法。

大门东侧是一面喊冤大鼓，用于民众告状时击打。西侧是申明亭，主要用于正式起诉前进行纠纷调解，若调解无效，非告不可，则由衙门专人在此代写状子。

大堂也叫公堂、正堂，又称亲民堂，是知县举行重大典礼、审理重大案件以及迎送上级官员的地方，它是整个县衙最主要的建筑物。大堂台基高于地面 2 尺有余，使整个大堂显得雄伟壮观。大堂有副楹联："吃百姓之饭穿百姓之衣莫道百姓可欺自己也是百姓，得一官不荣失一官不辱勿说一官无用地方全靠一官。"在封建社会，土地、赋役、户籍、诉讼等国家政务，最终都是通过地方

平遥古城

来进行处理的。县官虽然只是"芝麻官"，官衔不过正七品，但却可以震慑一方，当地土地、户籍、赋税教育完全由县太爷一人定夺，吏、户、礼、兵、刑、工等六大部门完全在其掌控之下，所以称"父母官"，正是"地方全靠一官"。

正因如此，知县的人品直接关系到百姓的生存和一方安定，在平遥县衙历代知县的任用制度中，不难看出明清两代的统治者对知县任用的重视：本省的人不得在本省做官，亲属关系不得在同一地区为官，本省人做官必须远离本省500里之外，而亲属也不得在500里之内为官；如遇到上述情况，后到者先行回避；每一任知县的任用期限为三年，期满不准久留，即使百姓称颂，政绩突出的青天大老爷，也只能再延期任用一年，期满后不得再续。

二堂是处理一般民事的地方，也是知县办公期间临时休息和幕僚商议政事的地方，因此，二堂在明代叫退思堂，也叫思补堂。二堂楹联"与百姓有缘才到此地，期寸心无愧不负斯民"。所谓"三年清知府，十万雪花银"，这些楹联虽只是封建官员们为表自己的清白而撰写的溢美之词，但对民心稳定还是有一定的作用。

内堂亦称内宅，是知县宿居、读书和平时办公的地方，有些涉密案件或不宜公开案件也在此审理。

### （十）平遥城隍庙

平遥城隍庙初建年代失考，现存建筑为清代所筑。

咸丰九年（公元1859年）城隍庙会，城隍庙不慎失火，除寝宫外，庙内殿宇、廊庑以及财神庙全部化为灰烬。清同治三年（公元1864年），县令王佩钰

自捐俸银，并召集乡绅、富商进行募捐，重新修筑城隍庙，现存平遥城隍庙主体即是此次所建。

该庙布局规整，规模宏大，总占地面积7302平方米。庙区由城隍庙、财神庙、灶君庙以及真武楼等建筑构成。

整个建筑群坐北朝南，前后共有四进院落，轴线上由南向北分别是牌楼、山门、戏楼、献殿、

中国古城镇

城隍殿、寝宫，错落有致，独具一格。其总体布局既有寺庙建筑特色，同时，因其为县令主导捐建，又与"前朝后寝"的衙门结构功能分区有颇多相似，为寺庙类建筑所少见。

城隍庙有游廊、官厅、东西廊庑等附属建筑，它们纵深相连，贯穿为一体，与高大、威严的主体建筑相辅相成，形成一种严密、封闭的建筑氛围，体现了阴世、阳间轮回转动的宗教思想。

和南神庙、普照寺相似，城隍庙的总体布局也体现了多位神灵同处一寺的地方特色。由山门进去，经过前院，灶君庙和财神庙分别在城隍殿的东西两侧，左右互通、庙宇相连，组合成"庙中庙"，形成一幅"诸神共居一庙，联袂同受香火"的奇特景致。

城隍庙最大的特色是独特的建筑结构与琉璃艺术。整个庙区内，殿宇、廊庑、楼阁、坊台形式多样，结构精妙，城隍戏台的重檐回廊和财神庙乐楼的八封藻井都是运用罕见的古建筑法，而各座殿宇屋顶的琉璃，以蓝、绿为主，用黄色相间，营造出的青冷色调和神秘意境，更让人拍案惊奇。其仙人、走兽、龙吻背刹，造型精美，色泽历久不变，可以说是清代琉璃工艺的杰出典范。

## （十一）中国商会博物馆

中国商会博物馆是以中国商会历史变迁为主线、以商会管理文化为中心、以为工商各界人士提供交流平台为纽带的综合性民营博物馆，馆名为全国工商联主席经叙平亲笔题写。馆内设有联谊会、研究室、购物休闲等附属机构。

晋商在中国近现代史上占有重要地位，而平遥是晋商文化的发祥地之一，明清时期一度成为全国商业金融中心。在平遥设立中国商会博物馆，有利于充分展现中国商会的变更历史，具有重大意义。

商会是随着中国早期资本主义商品经济的萌芽在商人行会、会馆等基础上产生的，是商人之间的交流平台，也是商人与政府、与社会之间的协调机构。早期商会的职能相当于现在的经贸、工商、财政、税务、质检、物价等，是清末民初全国最具影响力的经济性组织和最有生命力的新兴社会团体之一，它在中国市场经济的孕育过程中起到了不可磨灭的作用。

商会是中国工商业进步的必然产物，其前身有会馆、公所等形式，在其运作过程中，积累了大量的工商管理经验和文化。中国商会博物馆的1—4展室以翔实的资料展示了会馆、公所的功能和作用。

中国近代史专家章开沅先生说："研究晚清以来的中国历史，如果忽略了商会史的研究，则将成为一个重大的缺失，值得庆幸的是，商会史的研究已经吸引了越来越多的中外学者的注意。"中国商会博物馆有天津、厦门商会历史档案汇编，还有广州、沈阳商会史志、苏州商会个案研究、中国商会整体研究，有对商会研究的阶段性评述、对商会今后研究的建议规划等众多研究成果，这些研究成果对商会产生的历史背景、性质、特征、职能等形成了较为一致的观点。它为工商组织建设及企业家规范提供了宝贵的经验。

中国商会博物馆的图腾屏用红木镂空雕刻"双龙携福（蝠）"图案，两边各有一条龙，两龙之间以蝙蝠相接，取"福"字谐音，意为"双龙携福"，图内有龙、凤、麒麟、乌龟，寓意"龙凤呈祥、麒麟送宝、富贵长在"，也体现了成立商会的初衷。

### （十二）华北第一镖局博物馆

华北第一镖局博物馆坐落在平遥古城东大街路南22号，全馆总面积1000余平方米。

该馆由前、中、后、楼院四个部分组成，有六个展室和两个展区，充分而真实地再现了清代乾隆以来我国镖局业的独特风貌。

镖局作为我国早期保险业、运输业的金融业和的合体，随着明清商业贸易的发展而发展，其职能主要是为工商贸易客户运送大宗现银及货物。

华北第一镖局，指的是道光年间由王正清、戴二闾、左二把成立于平遥、祁县、文水等地的"同兴公""太汾""昌隆"三大镖局。

王、戴、左三人不仅武艺高强，而且颇有武德，在当时威名扬于大河上下。他们开设镖局，或运送现

中国古城镇

银，或押运货物，为当时的商业贸易实行现银结算提供了有力的支撑，因而一度兴旺发达，其鼎盛期为清末国内形势混乱之时。

后来，随着票号诞生，镖局业务锐减。进入民国，各类军警武装押运出现，镖局相继衰败，陆续退出历史舞台。

平遥古城是明清商业金融的发祥地之一，其间的镖局事业及其相关文化，无疑是晋商及晋商文化的重要组成部分。同时，因其行业特殊性，武术人物及相关文化贯穿其中，更增添了几分神秘。

华北第一镖局博物馆详细介绍了神枪王正清、铁腿左二把、形意拳名家戴二闾三位镖师生平事迹，展示了三位镖师所在镖局的资料，同时介绍了中华保镖行业的发展历史和华北形意拳、长拳等武术门派的发展史及相关资料，趣味十足。

该馆也注重观赏性和游客的互动参与。馆内后院辟有练武场，常有当代武术爱好者在此练习，还设有习练场地，供游客边浏览边习艺。

现在，华北第一镖局博物馆已成为平遥古城内著名的游览胜地之一。

## （十三）中国镖局

中国镖局是明末清初镖局的旧址，坐落在平遥古城南大街61号。

它主要介绍中国镖局发展史，以及明清时期的十大镖局、十大镖师和走镖过程中的趣闻轶事，并研究展示形意拳、长拳、弹腿、长枪等武术门派的发展。

在镖局诞生以前，因商业发展的需要，官员、商人及货物要从一地护送至另一地时，便请武艺高强之人护送。逐渐，这类武艺高强之人以此为职业，并传授自家子弟，形成镖户。同时，作为此职业的支撑，各地也出现了为镖户提供必备用品及歇脚的车马店。

镖户走镖属私人行为，受地域及声望限制明显。期间有部分武艺高强又有一定声望的镖户逐步壮大，就与车马店联合起来，到政府进行注册，正式形成镖局。

明清时期，全国镖局有 36 家之多，山西、河北、天津、上海、苏州等地镖局活跃，而以北京开设的镖局为最多。在 200 多年的发展过程中，涌现出最具特色、最有影响的十大镖局。

中国镖局展出当时镖局和镖师所用之物，如镖箱、镖车、轿车、兵器和生活用具如烟具、烟桌、家具、书画、瓷器、木器等，并介绍镖师的生活习惯和江湖行规，为研究中国镖局行业的历史提供了许多重要的实物资料，颇具研究价值。

### （十四）同兴公镖局

同兴公镖局为平遥南良庄人王正清创建于清咸丰五年（公元 1855 年），坐落在平遥古城南大街 105 号。

王正清与祁县戴龙邦、文水李毓秀并称"华北三杰"，三人私交甚笃。河南嵩山少林寺曾为王正清刻碑，载入武林史。

其子王树茂，尽得其真传，青出于蓝而胜于蓝。同兴公镖局自创立起，就成为当时全国著名镖局之一。据说，当年慈禧太后曾赏赐"奉旨议叙"匾额一块，至今仍挂在王家旧址上。

同兴公镖局展馆是明代建筑，布局规整，气势恢弘，且建筑结构精良。展馆用"概述""平遥武术源流""镖师王氏父子""同公兴镖局""镖局文化的影响"五大部分对清代咸丰年间直至民国初年期间同兴公镖局创办、发展及歇业的全过程，以及武林镖局方面的知识进行了全面系统的介绍。各展室内图文并茂，与镖局相关的文物达万件以上。

置身馆中，既可感受到平遥古城浓厚的历史文化，又可了解到镖局存在的经济价值、社会价值和历史价值，还可以领略到镖局文化的博大璀璨。

### （十五）天吉祥博物馆

天吉祥博物馆由平遥城第一家洋货庄——长盛蔚洋货庄商号改造而成，坐落在平遥古城南大街北口路东 20 号。

长盛蔚洋货庄几经变更而来：最初，它叫长盛庆商号，后变成长盛裕商号，清光绪二十二年（公元 1896 年），平遥商人任宝灵和薛兆瑞合伙投资 12 万两白银，将长盛裕商号变成长盛蔚洋货庄，至民国八年（公元 1919 年）歇业。

长盛蔚洋货庄虽然只存在了 23 年，但它对平遥商界以及我国对外贸易产生过巨大的影响。它的分庄分布在京、津、沪、汉、归化等地，极盛时在莫斯科和恰克图都设有分庄，是清末民初一家极具影响的跨国大商号。

1996 年，崔长明先生斥巨资购入长盛蔚洋货庄，开设博物馆，名"天吉祥"，使之成为平遥古城一处重要的文化资源。

博物馆完整地复原了清末民初平遥商家的生活场景，收藏了长盛蔚鼎盛时期的传家珍宝。我国著名书法大家徐文达老先生也曾为天吉祥题写馆名。

天吉祥博物馆为明代建筑，在平遥古城保存完好的 3797 处古民居大院建筑群中，它是最古老的民居建筑之一，也是平遥古城最有特色的民居大院之一。

天吉祥大院建筑风格独特，布局严谨，是传统的前店后居形式商家大院。临街铺面六开间，较其他五开间铺面多出一间，进深二进院，院内自然也较其他商号大院敞阔许多。在前后院之间有主楼，主楼前带抱厦厅，后院带闺阁楼。它是研究我国北方地区明清古商铺建筑不可多得的一处完整实物标本。

天吉祥博物馆藏品丰富，分为 7 馆 14 室，以不同历史时期的家具、瓷器、书画、绣品为主。现珍藏有三件宝物：一是木雕九龙壁，二是犀牛望月镜，三是青铜大佛像。其中木雕九龙壁以密度极高的优质黄杨木以单面深浮雕的手法雕刻而成，是清朝乾隆年间的作品，距今 250 多年，所雕九龙每条都栩栩如生，极其罕见。

此外，这里还珍藏了众多明清时期的紫檀木、红木、花梨木家具及各类珍贵瓷器；保存着许多古代名家字画和佛道两家经典图画，其中包括徐悲鸿大师的《双马图》、刘墉的书法条联、黄慎的条联等珍贵作品。

天吉祥博物馆自开馆以来，吸引了众多名家前来参观，如郑孝燮、贾春旺、马季等。另有慕名前来游玩的国内外游客无数。

## （十六）雷履泰故居

雷履泰是中国票号业的创始人，中国第一家票号日升昌的首任掌柜。

平遥古城

雷履泰旧居位于平遥城内上西门街 11 号，建于道光年间，距今已有 180 多年的历史。

整个建筑坐北向南，由两主院、两跨院组成，里高外低，讲究的是"前低后高，世出英豪"，从建筑科学的角度来看，有利于采光和排水，是极具代表性的传统住宅群体。

因平遥民俗中对院中种树十分忌讳，认为那意味着房主受"困"，所以，整座院子里面、种花、种草，不种树。

主院为轿杆式前后二进院，台基甚高，增强了主院宏大的感觉。山墙顶部有砖雕鱼图案，中厅为双坡硬山瓦顶房。

里院正房面阔三间，附有前廊，下面是窑洞，在窑洞上用木材建造楼房，房顶为双坡硬山瓦顶，雀替、挂落装修完整。前后两院左右各有三间厢房，相互对称。

整座庭院造型雄伟，用料十分讲究，工艺朴素，坚固耐用，充分反映了雷履泰作为中国第一家票号创始人的大气和务实精神。

## （十七）日升昌

日升昌票号是我国第一家票号，专营存款、放款和汇兑业务，是现代银行的前身。

日升昌总号坐落于"大清金融第一街"——平遥古城西大街的繁华地段，占地 1604 平方米，受面积限制，其结构相对紧凑，但功能划分合理。它的重大意义不在于建筑，而在于其历史价值：在这座小院里，雷履泰带领着日升昌的伙计们，开创了中国银行业的先河，并在 19 世纪一度操纵着整个清王朝的经济命脉。

清道光三年（公元 1823 年），由平遥西达蒲村李大全投资白银 30 万两，与掌柜雷履泰共同创立日升昌。在雷履泰的经营下，日升昌形成了一整套极具现代意义的管理制度，分号遍布全国大中城市和商业重镇，多达 35 家，鼎盛时期，其分号远及欧美和东南亚，年汇兑白银 100 万两到 3800 万两，自创建起，累计利润达白银 1500

万两。它是真正的"百年老字号"，经营108年，以"汇通天下"闻名于世。

因为有日升昌票号的成功榜样，介休、太谷、祁县等地的商人们竞相效仿，一时间，票号遍地开花，极大地促进了国内资本的运转，加快了金融流通，为当时民族工商业的发展提供了极有力的支撑。

在日升昌的旧址上，1995年开始大规模开发整修，现在已成立了中国票号博物馆，在以日升昌整套经营管理体系、丰富的珍贵资料及实物作典型展示的同时，还搜集、整理、收藏和展出了大量历史资料，对中国票号业兴衰史作了全面而形象的反映，堪称过去一百多年里中国金融业的史诗。虽然它不是现代金融业的摩天大楼，但我们可以从日升昌看到当代银行的影子，领略到中华民族的智慧，追寻一个时代进步的脚步，体味一种与现代的改革开放有颇多相似的锐意改革的精神。

日升昌票号旧址于1995年被山西省人民政府列为省级重点文物保护单位。

### （十八）蔚泰厚票号博物馆

在中国票号业历史上，出现了以团队整体作战的"蔚"字五联号：蔚泰厚、蔚丰厚、蔚盛长、天成亨和新泰厚，它类似于今天的家族"集团"模式，主东同属三晋首富介休北贾侯姓，"总裁"由蔚泰厚的掌柜，当时年富力强且颇有宏图大略的中国票号创始人之一的毛鸿翙担任。

五联号成立不久，便得到飞速发展，五家的分号加起来从十几家迅速扩张到百余家，遍布国内近70个城市，本银从30余万两白银增加到近140万两，营业额由开始800万两增加到后期的上亿两，稳固地占据汇业界霸主地位。它是金融史上强强联合的成功案例，充分体现了"集团化"发展的优势所在。

"五联号"之一的蔚泰厚票号坐落在平遥古城清代金融第一街——西大街路南，与日升昌票号博物馆毗邻。

它建于清道光六年（公元1826年），占地面积1300余平方米，为传统三进式店铺院落，古色古香。共有砖木结构房屋40间，楼厅兼备。

现在蔚泰厚票号的原址上开发了博物馆，共分谋略、经营、人物三大展区，

平遥古城

18 个展室。它广泛征集了"蔚"字五联号的大量史料和实物，以大量史实，充分运用多种展示手法，真实形象地再现了清末民初平遥票号在金融市场上的辉煌，也展示了当年票号之间的激烈竞争以及各家票号掌柜之间以智相拼的情景。

### (十九) 蔚盛长博物馆

蔚盛长票号原为绸缎庄，清道光六年（公元 1826 年）改营票号，1916 年歇业。它是中国第二大票号——"蔚"字五联号的成员之一，在中国票号发展史上占有极其重要的地位。

蔚盛长票号作为五联号重要成员之一，与其他四号有相似之处，但其经营更为有方，歇业时，其他四号皆无盈余可言，而它的东家们却都还有充裕收益，非其余四号可比。

蔚盛长票号是介休北贾村的侯荫昌和平遥普洞村王培南及几户小股东集资创办的，经理是汾阳人郭存祀。若从创建绸缎庄算起，蔚盛长字号已有 200 多年的历史，比中国第一家票号日升昌还要早 90 多年。

它的业务范围包括汇兑官款、存款业务、贷款业务，首任掌柜是中国十大名掌之一的毛鸿翙。票号先后在全国各地开设 27 个分号，相传 1900 年，光绪皇帝来到平遥，曾在蔚盛长票号休息，并在此提取醇亲王汇来的银子。

蔚盛长是当代"以人为本""创办企业大学"企业的范例，历任执事均十分重视人才选拔、培养和使用。平遥盛传"八秀才住票行——改邪归正"的民谚即出于此号。

在王作梅执事期间，票号不惜财力，从票号的年轻人中选拔贤能举荐考取功名，然后，又吸收其回号继续工作，后来在金融业颇有建树的范椿年就是其中的典型。

范椿年自幼入号学徒，后在东家支持下考取秀才，水平大有进步，却不入仕，又重回票号执事，业绩优异。票号歇业后，被请到广西银行任要职。之后又回到平遥，任商会会长，不久又被聘到中央银行成都西安分行领事，在商业银行的经营上颇有研究。

现在的蔚盛长已经改成了博物馆，它坐西朝东，一进院，占地面积约260平方米，占地虽小，但风貌端庄大方，布局严谨。有房屋16间，铺面临街，面阔3间，进深2间，是典型的清代二进二楼四合斗院，至今保存完好，是研究清代古院落的考古标本。

馆藏有近千件珍贵文物：有百葫芦宝榻，有珍贵的明清瓷器，有宋朝徽宗皇帝的传世珍品"松鹰图"，有大学士何执中、明代书画家文征明、清代宰相刘罗锅的亲笔题跋，明代江南第一才子唐伯虎的墨宝，有傅山的"梅兰竹菊"四君子画，有大学士李鸿章的书法，有研究票号和近代金融业的珍贵史料票据、账本、信件等，还展示有龙袍、皇冠和光绪皇帝相片。

相较而言，李鸿章为蔚盛长票号主人题写的"生意之道"更应为世人所珍惜："生意之道唯以用人，最要勿求全、勿责备、勿以托情迁就，勿以资格限制，勿以喜怒则进退、勿以恶善则取舍，要引道有方赏罚分明，而人心鼓舞，则人心倍出矣。续序商情十要：做事要勤、辩事要慎、谋事要密、虑事要周、处事要公、断事要决、交人要择、与人要和、于目要明、道路要宽，此则生意重要之道也。"

### （二十）协同庆

协同庆票号创立于咸丰六年（公元1856年），分号达33个，遍布全国，重点在西北、西南，民国三年歇业。

它位于平遥南大街，财东是榆次聂店王家和平遥县王智村米家，最初本银仅36000两，在当时开票号最少的本银也有十几万两，而协同庆"以区区万金，崛起于咸丰末叶"，全是因为人的因素，其数任经理各有所长，优势互补，是平遥票号中最有力的领导团队：孟鸿仁统筹全局，知人善任；陈平远出身于日升昌，精通业务；刘庆和心地平和，老成持重；赵德溥深谋远虑，办事果敢；张治达豁达大度，深得人心；雷其澍恪守敬业，任劳任怨；温绍宗信义为本，交结广泛……著名票号商李宏龄评价说："得人独胜者，厥唯协同庆一业。"

协同庆是平遥古城规模最大的票号建筑，前后共有相互独立又相互联系的七进院落，规模庞大，建筑宏伟，讲究豪华，功能齐全，在平遥票号院落中都

平遥古城

是首屈一指的。其人文意义同样重要：在这个知识爆炸、信息爆炸的时代，人们可以来这里回顾一下人才的重要性。

### （二十一）古民居博览苑

平遥古民居博览苑以"蔚丰厚"票号旧址改造而成，位于古城西大街18号。

博览苑院面阔五间，由南北两套院串连而成。南院坐北朝南，大门开在深巷之中，由"一主两跨"和一个后院组成，属标准的民居性四合院；而北院则刚好相反，它坐南朝北，大门临街，是典型的商号经营性四合院。南院和北院之间有一条狭窄的过道，将二者连通起来。整个建筑布局特殊，建造精良，其墙之高，让人走在其中着实能体会一把"大宅门"的风范。

博览苑很能代表平遥民宅的特色。平遥民宅以严谨的四合院为主，有明显的轴线，沿中轴方向由几套院落组成，左右对称，主次分明，常见的有"日"字形二进院和"目"字型三进院。大门对面一般建有影壁，或用砖雕，或以琉璃瓦镶成各种吉祥图案。正房一般为三间或五间砖结构的砖窑，墙面厚实，冬暖夏凉；左右厢房为木结构单坡瓦顶，坡向内院。因其形似元宝，故称"元宝院"。

### （二十二）明清一条街

平遥古城由四大街、八小街、七十二条蚰蜒巷构成了它独特的街巷格局，纵横交错，井然有序，且主次分明，如龟背上条块分明的龟甲一般。它以南大街为贯通南北的轴线，以古城最高建筑市楼为轴心，形成"左祖右社""左文右武""文武相遥""上下有序"的对称布局。

南大街是平遥城最有名的街道，自古以来就是平遥城最繁华的商业中心，因其街道两侧的店铺都是具有明清时代风格的建筑，又称明清街。

明清街750多米长的古街上，包罗票号、钱庄、当铺、药铺、肉铺、烟店、杂货铺、绸缎庄等几乎当时所有的商业行当，汇集大大小小古店铺达100多个，每个稍大点的门庭前的花岗岩门槛上，几乎都有被驮

154

货驮钱的马车压出来的两道深深的车轮印，由此可见平遥曾经的辉煌。

明清街是省级重点文物保护单位，不仅因为街两旁那历经数百年仍保存完好的古建筑，也因为它折射出了古城昔日的光彩，养育出了一大批推动中国商业发展的英才。

行走于明清一条街，便会深深理解联合国科教文组织对平遥的那句评述："中国古都，是把历史浓缩为宫殿，而古城平遥，是把历史溶解于民居。"

## （二十三）古市楼

古市楼位于平遥城南大街正中。楼东南脚下有一眼水井，相传"井内水色如金"，故市楼又名"金井楼"，为平遥古城十二景之一。

市楼始建年代已无从考究，重修于清康熙二十七年（公元 1688 年）。后于乾隆、嘉庆、同治、光绪、宣统历经多次修缮。

市楼占地 133.4 平方米，高 18.5 米，平面呈方形，为三重檐木结构楼。是城内唯一的楼阁式高层装点性质建筑，楼下现存清代石碑 11 块，楼上存铁钟一口，年代不详。

市楼底层面阔进深各 3 间，南北向为通道，东西建有砖石台基，四个角都立有通柱，外包砖墙。

第二层为楼板装修，并吊天花板，建有神龛供奉菩萨，南向供奉武圣人关羽，北向供奉观音菩萨。屋顶装天花板。

楼顶是彩色琉璃瓦，南面为双喜字，北面为寿字，精美无比。

一直以来，市楼与古城墙是一个不可分割的整体，它们是平遥古城的象征。登上市楼，凭栏远眺，古城秀色尽收眼底，似是光阴倒流了二百年，已置身于那古老而神秘的年代，让人流连忘返。

山西平遥，这只是一座小城，却拥有着丰富的文化内涵，见证了中国 2800 余年的历史变迁。它是我国晋商及其文化的根。它拥有中国最完整的古老城墙及几千座明、清古院落。它历经沧桑却依然深具魅力。

平遥古城